Contrato Preliminar

Contrato Preliminar

NÍVEIS DE EFICÁCIA

2018

Fabio P. Alem

CONTRATO PRELIMINAR
NÍVEIS DE EFICÁCIA
© Almedina, 2018
AUTOR: Fabio P. Alem
DIAGRAMAÇÃO: Almedina
DESIGN DE CAPA: FBA
ISBN: 978-85-8493-268-9

Dados Internacionais de Catalogação na Publicação (CIP)
(Câmara Brasileira do Livro, SP, Brasil)

Alem, Fabio P.
Contrato preliminar : níveis de eficácia / Fabio
P. Alem. -- São Paulo : Almedina, 2018.

Bibliografia.
ISBN 978-85-8493-268-9

1. Contratos preliminares 2. Contratos
preliminares – Brasil I. Título.

18-13290   CDU-347.440.76

Índices para catálogo sistemático:

1. Contratos preliminares : Direito civil 347.440.76

Este livro segue as regras do novo Acordo Ortográfico da Língua Portuguesa (1990).

Todos os direitos reservados. Nenhuma parte deste livro, protegido por copyright, pode ser reproduzida, armazenada ou transmitida de alguma forma ou por algum meio, seja eletrônico ou mecânico, inclusive fotocópia, gravação ou qualquer sistema de armazenagem de informações, sem a permissão expressa e por escrito da editora.

Março, 2018

EDITORA: Almedina Brasil
Rua José Maria Lisboa, 860, Conj.131 e 132, Jardim Paulista | 01423-001 São Paulo | Brasil
editora@almedina.com.br
www.almedina.com.br

Aos meus adorados pais Candido e Lourdes (in memoriam),
meu eterno porto seguro.

*À minha querida esposa Betina e aos meus filhos, Julia e David,
com muito amor.*

AGRADECIMENTOS

Este é um momento especial em que expresso minha gratidão a todos aqueles que fizeram e fazem parte, de alguma forma, da minha vida.

Como não poderia deixar de ser, faço aqui um agradecimento muito especial aos meus pais, Candido e Lourdes (minha mãe em espírito), pela educação, carinho, apoio incondicional para que eu pudesse lutar para atingir meus objetivos.

Agradeço também, à minha esposa Betina, pelo carinho e apoio em todos os momentos, sempre me ajudando a buscar o equilíbrio necessário. Aos meus queridos filhos Julia e David, pela alegria e luz que trouxeram às nossas vidas.

Deixo aqui um agradecimento sincero ao meu orientador no mestrado Giovanni Ettore Nanni, exemplo de profissional e amigo que vem me acompanhando nesse crescente da minha carreira profissional. Seus comentários sempre precisos foram essenciais para a elaboração desse trabalho e, por isso, o agradeço de coração.

Aos meus parentes e amigos que sempre me deram apoio durante essa jornada, deixo aqui meu agradecimento. Cada amigo tem sua importância destacada. Muito obrigado!

Agradeço, também, os ilustres membros da Banca Examinadora de minha dissertação de mestrado: Francisco de Crescenzo Marino (USP), Gilberto Haddad Jabur (PUC-SP) e Giovanni Ettore Nanni (PUC-SP), pelas valiosas observações e sugestões que, sem dúvida, contribuíram para conferir maior clareza e retidão técnica a este trabalho.

PREFÁCIO

É uma honra prefaciar a obra de Fabio Pedro Alem, Contrato preliminar: níveis de eficácia, a qual é oriunda de sua dissertação de mestrado defendida perante a Faculdade de Direito da Pontifícia Universidade Católica de São Paulo.

Foi concluída em 24 de fevereiro de 2010, cuja banca examinadora tive o privilégio de presidir, sendo também composta por Francisco Paulo De Crescenzo Marino, professor na Faculdade de Direito da Universidade de São Paulo, e Gilberto Haddad Jabur, docente na Faculdade de Direito da Pontifícia Universidade Católica de São Paulo.

O então candidato foi submetido a uma intensa arguição, na qual os professores questionaram acerca de diversos aspectos do trabalho, assim como fizeram relevantes sugestões. Fabio Alem apresentou maturidade e brilho na formulação de suas respostas, sendo aprovado com extremo êxito.

Passados alguns anos, o autor revisitou o texto. Aprofundou e atualizou a pesquisa, bem como adicionou reflexões à luz das indagações expendidas na sessão examinadora.

A publicação pela Editora Almedina Brasil consubstancia importante contribuição para a doutrina pátria no tema, que é carente de estudos aprofundados.

Na realidade, a maioria dos escritos a respeito de contrato preliminar dedica particular atenção ao compromisso de compra e venda de bem imóvel. Embora seja a espécie mais frequente, não é a única. Nesta ocasião, já se denota a virtude do texto, eis que focado na investigação de contratos empresariais complexos, com distinta abordagem da tradicional figura do Direito das Coisas.

Fabio Alem é advogado de destacada vivência na área de resolução de disputas, tendo atuado em contendas complexas, das mais variadas matérias, assessorando clientes nacionais e internacionais, em grandes escritórios de advocacia. Também teve experiências em negócios internacionais, trabalhando nos Estados Unidos da América e na Espanha.

É autor do livro Arbitragem (São Paulo: Saraiva, 2009) e de vários artigos publicados em periódicos e obras coletivas, voltados ao exame de contratos, resolução de disputas e infraestrutura, além de frequentemente palestrar em eventos acadêmicos.

Tendo em consideração a sua vasta experiência, particularmente em diversificados pactos empresariais, Fabio Alem bem soube mesclar a prática e a teoria, desenvolvendo um trabalho útil à figura do contrato preliminar.

Embora o início de qualquer relação jurídica suceda por meio de negociações preliminares, é cada vez mais intensa a fase de discussões preparatórias à conclusão do pacto, pois são mais duradouras e complexas do que a forma originária que se estava habituado no âmbito jurídico tradicional.

Hoje, a formação do contrato geralmente envolve longo período de estudo e debates, em que as partes muitas vezes estão em países diferentes, dependendo, para concluir a avença, de amplas discussões, realização de projetos, sondagens de mercado, orçamentos etc.

Logo, o autor partiu de uma premissa debruçada à análise de tal instituto afora de seu clássico emprego ao compromisso de compra e venda de bem imóvel. Buscou evidenciar que é igualmente pertinente aos negócios jurídicos complexos, no processo de formação do contrato definitivo.

Apresenta, de início, uma breve evolução histórica do contrato preliminar. Em seguida, expõe os aspectos mais relevantes que o tema contempla. Discorre sobre o seu conceito, a sua natureza jurídica, suas modalidades e examina a figura consoante os seus planos de existência, validade e eficácia.

Tal abordagem é saliente, uma vez que o propósito primordial da obra é tratar do plano da eficácia.

Antes, porém, explica os requisitos do contrato preliminar, bem como o diferencia de figuras afins.

Sustenta que os negócios jurídicos têm sofrido um aumento considerável em sua complexidade, do ponto de vista da estrutura técnica e também do conteúdo, em especial no que diz respeito aos direitos e obrigações que as partes assumirão no futuro.

PREFÁCIO

Em tal panorama, indica algumas figuras que reputa complexas e inovadoras no ordenamento jurídico, muitos importados de sistemas internacionais, citando: os contratos de "outsourcing de backbone de rede" (terceirização da operação de infraestrutura de rede de comunicação e de informática) ou "interconexão, unbundling e compartilhamento de meios de rede de telecomunicações", comumente usados na área de infraestrutura de rede de comunicação e informática; os contratos em regime de "turnkey" ou "EPC – Engineering, Procurement and Construction"; os "project finance", que consistem em operações estruturadas de financiamento, visando investimentos, normalmente em projetos de infraestrutura.

Segundo o autor: "Trata-se, pois, de uma relação extremamente complexa que, na grande maioria das vezes, envolve uma evolução negocial que requer a celebração de acordos prévios durante o processo de formação do contrato ou mesmo acordos que vão se completando ao longo da execução do contrato."

E prossegue: "Em se tratando de negócio jurídico complexo, os documentos preliminares são de extrema relevância para que o contrato venha a ser futuramente celebrado. Por meio do contrato preliminar, consolidam-se as conclusões até então pactuadas (durante o iter negocial), visando evitar que haja um retrocesso naquilo que já foi acordado ou reabrir discussões para aspectos já definidos, e também conferindo força vinculativa (ainda que de forma precária) ao contrato preliminar."

Firmadas tais proposições, resta pavimentado o caminho para pesquisar a eficácia funcional do contratual preliminar. Neste contexto, propõe que a vinculação das partes durante o processo de formação do negócio jurídico deve atentar a uma gradação obrigacional.

Destarte, mostra que, dependendo das circunstâncias do caso concreto, se apresenta o contrato preliminar com grau de obrigatoriedade forte, média e fraca.

Por conseguinte, estuda, no plano da eficácia, as consequências jurídicas do contrato preliminar, as quais variam consoante os respectivos graus de obrigatoriedade. Em suas palavras, aborda as "diferentes consequências práticas quanto à imposição forçada no caso de haver negativa em celebrar o contrato definitivo".

Fabio Alem dá a lume uma obra que certamente muito enriquecerá a doutrina pátria. Séria, fruto de maduras ponderações, é dotada de inegável proveito ao dinâmico e sofisticado cenário empresarial, em que sobejam contratações marcadas por etapas sucessivas na sua formação, englobando inúmeras tratativas, envolvendo aspectos técnicos e legais, necessitando, conforme o caso, de obtenção de autorizações administrativas ou regulatórias que demandam tempo e assistência qualificada.

Em tal conjuntura, o livro Contrato preliminar: níveis de eficácia consiste em valiosa fonte de consulta, sendo referência na matéria.

Faço votos de sucesso à publicação, parabenizando a editora e o autor pela excelente obra trazida a público.

Giovanni Ettore Nanni
Mestre e Doutor em Direito Civil pela PUC-SP
Professor de Direito Civil nos Cursos de Graduação e de Pós-Graduação *Stricto Sensu* na PUC-SP
Presidente do Instituto de Direito Privado – IDiP
Vice-Presidente do Comitê Brasileiro de Arbitragem – CBAr
Advogado em São Paulo

SUMÁRIO

Agradecimentos 7
Prefácio 9
Sumário 13
Introdução 17

1. Breve evolução histórica do contrato preliminar 19

1.1. No direito estrangeiro 24
    1.1.1. França 24
    1.1.2. Alemanha 26
    1.1.3. Itália 27
    1.1.4. Portugal 31
    1.1.5. Direito Anglo-Saxão 33
    1.1.6. Direito Comunitário – Comunidade Europeia 36
1.2. No direito brasileiro 38

2. Aspectos relevantes do contrato preliminar 49

2.1. Conceito 49
2.2. Natureza Jurídica 50
2.3. Modalidades de contratos preliminares 53
2.4. Os planos de existência, validade e eficácia do negócio jurídico
e a aplicação ao contrato preliminar 57
    2.4.1. Plano da Existência 57
    2.4.2. Plano da Validade 59
    2.4.3. Plano da Eficácia 60

CONTRATO PRELIMINAR

2.5. Requisitos para constituição do contrato preliminar..........................61
    2.5.1. Requisitos essenciais tradicionais 61
        2.5.1.1. Capacidade do agente...65
        2.5.1.2. Objeto..66
        2.5.1.3. Forma..67
        2.5.1.4. Necessária adequação ao tipo do contrato futuro............68
    2.5.2. Deveres de conduta fundamentais ao contrato preliminar –
    a boa-fé objetiva e a cooperação..69
    2.5.3. Requisitos secundários...85
2.6. A extinção do contrato preliminar..86
2.7. Considerações sobre figuras afins 90
    2.7.1. Contrato preliminar e negociações preliminares 90
    2.7.2. Contrato preliminar e opção 94
    2.7.3. Contrato preliminar e minutas...96
    2.7.4. Contrato preliminar e carta de intenção 98
    2.7.5. Contrato preliminar e contrato com pessoa a declarar 101
    2.7.6. Contrato preliminar e condição suspensiva...............................103

3. O negócio complexo e o contrato preliminar.....................................107

3.1. Os negócios jurídicos considerados complexos.................................107
3.2. A complexidade dos negócios e o uso do contrato preliminar.......... 111
3.3. A obrigação tida como relação jurídica complexa 118

**4. Contrato preliminar e sua eficácia funcional: gradação do conteúdo
e consequências jurídicas** 123

4.1. A vinculação das partes durante o processo de formação do negócio
jurídico complexo...125
4.2. A gradação obrigacional do contrato preliminar...............................132
    4.2.1. Contrato preliminar com grau de obrigatoriedade forte............137
    4.2.2. Contrato preliminar com grau de obrigatoriedade média..........140
    4.2.3. Contrato preliminar com grau de obrigatoriedade fraca............143
4.3. A funcionalidade do contrato preliminar nos negócios complexos ...145
4.4. As consequências jurídicas sob a ótica da gradação obrigacional do
contrato preliminar 149
    4.4.1. Cumprimento voluntário do contrato preliminar 149
    4.4.2. O descumprimento do contrato preliminar 151

4.4.2.1. Execução forçada..152
4.4.2.2. Perdas e danos...160
4.5. Justo motivo para alteração ou interrupção do contrato preliminar
sem incidência de perdas e danos – desequilíbrio.......................................165
4.6. A eficácia do contrato preliminar perante terceiros...........................167
4.7. A eficácia do contrato preliminar nas relações obrigacionais gratuitas...........171

Conclusão 177
Referências 179

INTRODUÇÃO

A reflexão sobre o tema contrato preliminar ou pré-contrato[1] vem assumindo posição cada vez mais relevante no estudo do Direito Civil Brasileiro e do Direito Internacional Privado, tendo em vista a relevância da fase de formação do contrato (fase pré-contratual) e o seu uso crescente em negócios considerados complexos.

O contrato preliminar tem como função primordial conferir, antes mesmo da celebração do contrato definitivo, segurança jurídica às partes que já demonstraram uma à outra, a real intenção de contratar (ultrapassando-se a fase de meras tratativas ou pontuações) e alcançaram o ponto de obrigarem-se, mutuamente, a celebrar contrato futuro.

Apesar de amplamente utilizado no Brasil e no exterior, a figura do contrato preliminar somente passou a ter previsão expressa na legislação civil nacional com o advento do Código Civil de 2002.

A ausência de previsão expressa do contrato preliminar no Código Civil de 1916 restringiu os estudos sobre contratos preliminares ao compromisso de compra e venda no âmbito do direito imobiliário, deixando, todavia, de haver semelhante aprofundamento no estudo das demais formas de contratos preliminares, ainda que estes tivessem ampla utilização prática em operações nas mais diversas áreas do direito, especialmente em casos de alta complexidade, tais como (i) a compra e venda de ações ou quotas de uma sociedade; (ii) a estruturação de um projeto financeiro destinado

---

[1] POPP, Carlyle. **Responsabilidade Civil Pré-Negocial: O Rompimento das Tratativas.** Curitiba: Juruá, 2008, p. 234. Também chamado, *inter alia*, de: *vorvertrag (Alemanha), contratto preliminare* ou *ante-contratto (Itália), avant-contrat* ou *promesse de contrat (França), contrato preliminar (Espanha), contrato-promessa (Portugal)*, compromisso, contrato preparatório, pré-contrato, antecontrato, *pactum de contrahendo, contrahendo sive de ineundo contractu*.

a obras de infraestrutura; (iii) a celebração de contrato de fornecimento de longo prazo, entre outros.

Mesmo depois da entrada em vigor do Código Civil de 2002, alguns poucos doutrinadores se dispuseram a aprofundar os estudos acerca da responsabilidade civil pré-contratual. Não houve, todavia, o aprofundamento necessário às demais causas e consequências envolvendo a complexa relação negocial estabelecida durante o *iter* da fase pré-contratual, especialmente quando as obrigações ali estabelecidas deixam de ser cumpridas por qualquer das partes.

Diante da restrita doutrina e jurisprudência atualmente existentes no país sobre o tema, e também diante da recente alteração legislativa que introduziu formal e expressamente a figura sob análise no direito pátrio, faz-se necessária a análise do tema sob a ótica do direito obrigacional atual, especialmente sob o enfoque da aplicação prática dessa figura nas relações jurídicas consideradas complexas, que não tenham relação estrita com a promessa de compra e venda de imóveis.

Por meio da evolução do contrato preliminar, ter-se-á uma apresentação, ainda que breve, da aplicação dessa figura no direito comparado. Em seguida, serão analisados os principais aspectos do contrato preliminar, com seus requisitos necessários e secundários, incluindo-se uma avaliação contemporânea da aplicação dos deveres de conduta e seus reflexos no campo da validade do negócio jurídico. Ademais, serão apresentadas algumas diferenças relevantes entre o contrato preliminar e algumas figuras que são por vezes com ele confundidas.

Também serão apresentados os negócios tidos como complexos para que sejam avaliados aspectos relevantes de vinculação (total ou parcial) e da eficácia do contrato preliminar nos negócios complexos, sempre considerando a funcionalidade prática dessa figura sob a ótica dos diferentes níveis de predeterminação do conteúdo do contrato definitivo e dos graus de obrigatoriedade inseridos no contrato preliminar (níveis forte, médio ou fraco).

Dessa forma, busca-se o aprofundamento do conhecimento e o debate acadêmico, com vistas a conferir subsídios técnicos para a aplicação prática do contrato preliminar no direito brasileiro.

1. Breve evolução histórica do contrato preliminar

A análise da evolução histórica do contrato preliminar remonta à dificuldade em se definir o momento exato de início dos estudos e da aplicação prática dessa figura jurídica. Embora sejam conflituosas as fontes, o direito romano é considerado o nascedouro do contrato preliminar, ainda que não na acepção atual, e poderá ser considerado como ponto de partida desta análise[2].

No início, o pacto consistia em uma convenção de natureza não contratual, que gerava apenas obrigações naturais, os denominados *nuda pacta*[3]. Posteriormente, os pactos passaram a receber proteção indireta, com a admissão, pelos pretores, de alegações de defesa ou exceção, como as *exceptio*

---

[2] "Na realidade negocial, é difícil dizer-se em que momento surgiu o contrato-promessa, sendo plausível que a sua concepção autonomizadora referida ao direito romano se tenha ficado a dever à necessidade dogmática de enquadrar em categorias jurídicas modernas, dados que resultavam confusos, quer pela própria fragmentação e incompletude das fontes, quer, e sobretudo, por neles se entrecruzarem problemas tão diversos como o da natureza e eficácia dos contratos em geral e as da compra e venda em particular, e o das arras e suas funções confirmatórias, penal e penitencial, nas várias fases do direito romano." In PRATA, Ana. **O Contrato-Promessa e seu Regime Civil**. Coimbra: Almedina, 2006, p. 21

[3] "(...) o direito romano conheceu contratos puramente consensuais, pelo menos desde a época da Lei da XII Tábuas. No direito clássico, eles eram em número limitado: venda, locação, sociedade, mandato. Se se trata de tipos contratuais importantes e frequentes na prática, não é menos verdade que o consensualismo constitui uma excepção no direito romano: todos os outros contratos devem ser formados *re* ou revestir a forma requerida pela stipulatio; na falta de um destes elementos, real ou formal, as partes não realizavam um contrato, mas um simples pacto (*patum, nudum pactum*); ora o pacto nu não gera acção." GILISSEN, John. **Introdução Histórica ao Direito**, 4ª edição. Lisboa: Fundação Calouste Gulbenkian, 2003, p. 732 – tradução do original francês: *Introduction Historique au Droit*.

pacti conventi, a *retenção* e a *compensação*. Mais adiante, os pactos passaram a contar com a proteção direta, quando surgiu a distinção básica entre os *pacta legitima/pacta praetoria* (dotado de proteção por meio de ações) e os *nuda pacta* (desprovidos da proteção por meio de ações).[4]

Os pactos, nessa época, não dispunham de força vinculante, sendo necessária a transformação em contratos definitivos, com vinculação dependente da análise dos pretores, para que pudessem gerar obrigações civis. No direito romano não se conheceu contrato preliminar relativo à venda (*pactum de vendendo*), mas tão-somente o contrato preliminar do mútuo (*pactum de mutuando ou "pactum de mutuo dando"*[5]) e o contrato preliminar dos contratos reais em geral. Isso porque o *pactum de vendendo* nunca aparecia como convenção principal e autônoma, mas aparecia (ainda que raramente) como convenção acessória de outro contrato.[6]

A partir do direito Justiniano, passou-se a aceitar a dissolução unilateral do vínculo obrigacional estabelecido entre as partes, o arrependimento (*poenitentia*), com a consequente perda das arras (sinal) ou sua restituição em dobro. Com a possibilidade do arrependimento na relação contratual, passou-se a considerar a existência de um contrato preliminar ou promessa, já que seria possível o arrependimento[7].

Foi na Idade Média que de fato passou-se a reconhecer amplamente o princípio do consensualismo (*pacta sunt servanda*), com o reconhecimento de que o simples acordo de vontades (pacto) seria suficiente para gerar obrigações entre as partes.[8] Com base na evolução do direito canônico e também

---

[4] HIRONAKA, Giselda Maria Fernandes Novaes; TARTUCE, Flávio (coord.). AZEVEDO, Fabio De Oliveira. **Algumas Questões de Direito Civil e Direito Processual Civil Sobre o Contrato Preliminar. In Direito Contratual, Temas Atuais**. São Paulo: Método, 2008, p. 401.

[5] TOMASETTI JUNIOR, Alcides. **Execução do Contrato Preliminar.** (Tese de doutoramento). Faculdade de Direito da Universidade de São Paulo, 1982, p. 58.

[6] COVIELLO, Leonardo. ***Contratto Preliminare. Enciclopedia Giuridica Italiana***, vol. III, parte III, 1902, p. 74; GABBA, C.F. Contributo Alla Dottrina Della Promessa Bilaterale di Contratto. In Giurisprudenza Italiana, vol. LV, 1903, parte quarta, p. 33. apud PRATA, Ana. **O Contrato-Promessa e seu Regime Civil**, cit., p. 19-21.

[7] PRATA, Ana. **O Contrato-Promessa e seu Regime Civil**, cit., p. 31-32.

[8] GILISSEN, John. **Introdução Histórica ao Direito**, cit., p. 731. "O princípio moderno do consensualismo dos contratos é o resultado de uma longa evolução histórica. O direito romano não o tinha admitido; muito menos o direito germânico. Foi no decurso da Baixa Idade Média que o respeito pela palavra dada se impôs, sobretudo por influência do direito

BREVE EVOLUÇÃO HISTÓRICA DO CONTRATO PRELIMINAR

fundado na prática costumeira dos séculos XII e XIII, o consensualismo ganhou força e passou a servir de base para a formação dos contratos.[9]

Ao longo dos anos, o consensualismo e a autonomia da vontade passaram a ser mais facilmente admitidos, especialmente a partir do fim da

canônico. O Consensualismo triunfou rapidamente e tornou-se na base da moderna teoria dos contratos".

[9] "a) A Igreja mostrou-se desde cedo favorável ao respeito da palavra dada. Textos canônicos dos sécs. IV (*Chromatius*) e VI (Gregório, o Grande) assimilam já a mentira ao perjúrio; é preciso manter tanto a promessa feita por simples loquela (enunciação) como a feita por juramento. De resto, a Igreja era, até o séc. XI, bastante hostil ao juramento e, com medo do perjúrio, exercia influência no sentido de não se fazer juramentos, não invocando em vão o nome de Deus. Graciano, no séc. XII, retomando os textos canônicos antigos, admite que qualquer promessa deve ser mantida sob pena de pecado. Um dos primeiros decretistas, Huguccio, condenou formalmente qualquer formalismo.

Não foi no entanto prevista qualquer sanção judiciária. Foi o decretista Johannes Teutonicus quem, na sua glosa ao Decreto de Graciano, escrita cerca de 1212, afirmou pela primeira vez: Ex nudo pacto, actio oritur (uma acção pode nascer de um pacto nu); era a subversão completa da regra de direito romano que recusava qualquer acção para a execução de simples pactos (*ex nudo pacto, acrio non oritur*). Nas Decretais de Gregório IX, de 1234, o mesmo princípio estabelecido pela lei canônica: Pacta quantumque nuda servantur (qualquer pacto, mesmo o 'nus', deve ser mantido).

b) O direito costumeiro sofreu a influência do direito canônico, ou construiu ele mesmo uma teoria do consensualismo que levou os canonistas a tirar as consequências da concepção moral do respeito da promessa? Parece que a segunda hipótese é a mais verossímil.

Nos sécs. XI e XII aparece, sobretudo no sul da França, a convenientia, termo recebido do latim *convenire*, estar de acordo; dará, no francês medieval, '*convenance*'; é um contrato 'em que a vontade basta para obrigar, sem gestos nem declarações formalistas' (Ourliac). Mesmo a fiança, que nós classificamos entre os contratos formais, parece muitas vezes destituída, na prática, de qualquer formalismo.

Esta prática, totalmente pragmática, longe das construções doutrinárias, parece ter inspirado as recolhas francesas de costumes da segunda metade do séc. XIII. O Livre de Justice et de Plet (II, 7) afirma que 'convenances accordées font lês marches, non pás La paumée'. Beaumanoir dirá: 'Os negócios ficam firmes logo que celebrados pelo acordo das partes...' (nº 1066) ou ainda 'todos os acordos devem ser cumpridos'. Uma redacção rural de costumes da revisão de Bruxelas, *Dit is't recht van Uccle*, do início do séc. XIV, afirmará, por sua vez: 'todo o prometido é devido' (art. 98º (v. docs. 7 e 8, p. 744).

Assim, o princípio do respeito pela palavra dada implantou-se no conjunto dos costumes da Europa ocidental pelo menos nos sécs. XIII e XIV, apesar da resistência dos juristas romanistas. O desenvolvimento do comércio nas cidades da Itália, da França e dos Países Baixos contribuiu grandemente para isso.

Os juristas da época moderna confirmam a vitória do consensualismo. Dumoulin admite que a regra canônica *ex nudo pacto, actio oritur* é admitida em direito francês." GILISSEN, John. **Introdução Histórica ao Direito**, cit., p. 735-736.

Idade Média, quando o individualismo suplanta a concepção comunitária do direito. De fato, foi por meio da escola jusnaturalista que a autonomia da vontade tornou-se a base do direito, erigindo o princípio do *pacta sunt servanda* ao patamar de alicerce do direito natural, com o relevante suporte do jurista holandês GRÓCIO, que desenvolveu a teoria: "a vontade é soberana; o respeito à palavra dada é uma regra de direito natural; *pacta sunt servanda* é um princípio que deve ser aplicado não apenas entre os indivíduos, mas mesmo entre as nações"[10].

Diante da consolidação da aplicação do princípio do consensualismo e da autonomia da vontade nas relações contratuais, os contratos preparatórios (pactos) passaram a ganhar *status* próprio. A partir da Revolução Francesa, inaugurou-se e desenvolveu-se *o individualismo* na época moderna[11], conferindo destaque e relevância a alguns princípios basilares da corrente jusnaturalista, tais como: *solus consensus obrigat*, o *pacta sunt servanda*, entre outros. Nesta fase do direito liberal, a vontade das partes era considerada soberana, imutável e vinculante, exceção feita aos casos em que se comprovasse a existência de erro essencial, dolo, coação, simulação ou fraude.

Nesta época, a sociedade era considerada um conjunto de homens livres e autônomos, que se ligavam exclusivamente pela vontade, cabendo aos indivíduos gozarem de autonomia absoluta da vontade[12].

Na segunda metade do século XIX, e sobretudo no século XX, começaram a aparecer reações contrárias às concepções puramente liberais, especialmente em decorrência dos alegados abusos da liberdade contratual, pautados no pensamento socialista e com o fim de proteção aos fracos, com destaque para COMTE, SAINT-SIMON, KARL MARX, entre outros.[13].

Na sociedade pós-moderna, tem-se notado uma ligeira relativização da liberdade contratual, tanto na sua extensão, quanto nas condições sob as quais é exercida. Isso porque tem-se notado o aumento da preocupação dos reflexos sociais e econômicos decorrentes da relação negocial privada[14].

---

[10] GILISSEN, John. **Introdução Histórica ao Direito**, cit., p. 737-738.
[11] DE CICCO, Cláudio. **História do Pensamento Jurídico e da Filosofia do Direito**, 3ª edição. São Paulo: Saraiva, 2006, p. 163-186.
[12] GILISSEN, John. **Introdução Histórica ao Direito**, cit., p. 738.
[13] GILISSEN, John. **Introdução Histórica ao Direito**, cit., p. 739.
[14] SENS DOS SANTOS, Eduardo. **Função Social do Contrato**. Florianópolis: OAB/SC, 2004, p. 61.

A atenção ao interesse coletivo, que confere maior força aos princípios da boa-fé objetiva, da função social do contrato, da probidade contratual e, *inter alia*, da cooperação, estabelece alguns limites à total liberdade e autonomia das partes, ao celebrarem contratos. As partes são livres para contratar e mantém-se a aplicação da obrigatoriedade da convenção das partes (*pacta sunt servanda*), mas tal princípio não é mais absoluto, vez que deve ser evitado o dirigismo contratual e o desrespeito às regras sociais e econômicas vigentes.[15]

Especificamente com relação ao contrato preliminar, deve-se atentar também para a aplicação da autonomia da vontade dentro de limites legais e sociais. O contrato preliminar propriamente dito sofreu uma evolução, tanto no âmbito internacional, quanto no doméstico, variando desde discussões sobre sua existência, viabilidade, validade e até mesmo sobre a sua eficácia vinculativa, sempre se atentando para a sua aplicação no âmbito social e econômico.

Houve, ao longo dos anos, uma evolução, no que diz respeito ao reconhecimento da existência, validade e eficácia do contrato preliminar nas mais diversas espécies de relações negociais. A cada dia nota-se que o contrato preliminar vem sendo mais usado nos negócios considerados complexos, com o precípuo fim de conferir maior segurança jurídica às partes envolvidas na negociação, notadamente quando se trata de obrigações simultâneas, contratos coligados ou interligados, além de empresas e interesses diversos.

Vale notar, no entanto, que cada tipo de contrato tem sua própria especificidade, sendo difícil a generalização quanto à aplicação do contrato preliminar e, especialmente, quanto aos níveis de eficácia funcional do contrato preliminar. Isso porque, dependendo do nível de obrigatoriedade prevista no instrumento preliminar, este terá força e consequência diferentes.

Diante da evolução do direito obrigacional, torna-se relevante a análise do desenvolvimento técnico e prático dos contratos, para que seja possível elaborar uma avaliação consistente da eficácia, pautada na funcionalidade do contrato preliminar no direito brasileiro, especialmente àqueles contratos que envolvam a formação de negócios considerados complexos.

---

[15] DINIZ, Maria Helena. **Curso de Direito Civil Brasileiro.** Vol. 3. São Paulo: Saraiva, 2002, p. 36-37.

1.1. No direito estrangeiro

No direito alienígena, sempre existiu grande divergência sobre os requisitos para a constituição do contrato preliminar, sua viabilidade e também para a sua eficácia vinculativa. Em alguns países o contrato preliminar é equiparado ao contrato definitivo, o que o torna desnecessário e sem relevância jurídica. Em outros países, no entanto, o contrato preliminar tem seus requisitos de constituição e execução diferenciados do contrato definitivo, o que viabiliza e fomenta seu uso durante as fases de formação do contrato definitivo, especialmente nos negócios considerados complexos.

A fim de demonstrar a evolução do uso do contrato preliminar, bem como para demonstrar a diferença acima mencionada, apresenta-se abaixo um breve estudo evolutivo do direito estrangeiro, sem a intenção de esgotar o tema, com base nos países que ainda hoje influenciaram e influenciam o desenvolvimento de nosso direito, tais como: França, Alemanha, Itália, Portugal (*civil law*), Estados Unidos, Inglaterra (direito anglo-saxão – *common law*) e, mais atualmente, o direito comunitário.

1.1.1. França

Foi inspirado pelos princípios basilares da Revolução Francesa que, como mencionado anteriormente, o direito francês inaugurou e desenvolveu *o individualismo* na época moderna, fortalecendo as relações contratuais.

O artigo 1589 do *Code Civile Français*[16], ao tratar da promessa de venda, requer a presença dos elementos fundamentais do contrato definitivo. Mais recentemente, o direito francês passou a considerar, por meio de sua doutrina, a existência do *"avant-contrat"*, cuja terminologia é vaga, sua aplicação variada e noção imprecisa, conforme entendimento de PHILIPPE MALAURIE e LAURENT AYNÈS[17].

---

[16] *"Art. 1589. La promesse de vent vaut vent, lorsqu'il y a consentemente réciproque des deux parties sur la chose et sur le prix"* (Promessa de venda equivale à venda quando houver consentimento recíproco das duas partes sobre a coisa e o preço. – tradução livre).

[17] MALAURIE, Philippe; AYNÈS, Laurent. **Cours de Droit Civil**, tome VIII, Les Contrats Spéciaux Civils et Commerciaux, 8a. Edition. Paris, Éditions Cujas, 1994, p. 77.

O *avant-contrat* é diferente do *"accord de principe"*[18], já que o *avant-contrat* obriga as partes a celebrarem o contrato definitivo, enquanto que o *accord de principe* reflete apenas a evolução das negociações, sem obrigar as partes a celebrar o contrato definitivo.

No direito francês, embora exista divergência doutrinária acerca da possibilidade de estarem presentes nos avant-contrats os requisitos fundamentais do contrato definitivo ou de haver equiparação total entre o avant-contrat e o contrato definitivo, a doutrina majoritária tem entendido que deve haver a aplicação do princípio da equivalência, ainda que fosse admitido que as partes convencionassem a não produção imediata dos efeitos do negócio celebrado[19].

Com isso, os *avant-contrats* não têm o condão de vincular as partes se não estiverem presentes os requisitos essenciais e secundários do contrato definitivo. Não há que se falar, pois, em execução forçada do contrato preliminar. ANA PRATA[20], ao analisar a força executória do contrato preliminar no direito francês, destaca que:

> "Não prevendo a lei a exequibilidade forçada da obrigação de contratar, entende-se, frequentemente, que o incumprimento desta apenas constitui o inadimplente na obrigação de ressarcir os danos sofridos pelo promissário."

Denota-se, pois, que no direito francês o contrato preliminar deve conter os requisitos do contrato definitivo, para ser imposto às partes no caso de haver inadimplemento contratual, ou até mesmo nos casos em que se configurarem a perda da chance (*perte d'une chance*)[21]. Inexiste, pois, no direito francês, a possibilidade da execução forçada sem que haja a equiparação entre o contrato preliminar e o contrato definitivo.

---

[18] BEIGNIER, Bernard. *La Conduite des Négociations.* RTD Com. Toulouse : Editions Dalloz, 1998, p. 463.

[19] DEMOGUE, René. *Traité des Obligations en General*, I – Sources des Obligations (Suite), Tome II, Paris, 1923, p. 16-17.

[20] PRATA, Ana. **O Contrato-Promessa e seu Regime Civil**, cit., p. 220.

[21] COSTA, Judith Martins. **Contratos Internacionais – Cartas de Intenção no Processo Formativo da Contratação Internacional – Graus de Eficácia dos Contratos – Responsabilidade Pré-Contratual.** Revista Trimestral de Direito Público, n. 5, p. 220.

CONTRATO PRELIMINAR

1.1.2. Alemanha

No direito alemão o contrato preliminar (*Vorvetrag*, em alemão) não teve regime próprio nas codificações antigas. O Código Civil alemão (BGB), embora não disponha expressamente sobre o contrato preliminar, estabelece, por meio de seus parágrafos 154, 155 e 156, que os pontos acordados durante a fase de negociação, ainda que por escrito, não vincularão as partes, bem como que o contrato somente será considerado válido e eficaz entre as partes quando houver concordância sobre todos os pontos contratados.

Autores como LUDWIG ENNECCERUS, THEODOR KIPP e MARTIN WOLFF[22], assim como ANDREAS VON THUR[23], consideravam que qualquer instrumento pré-contratual (minutas e demais acordos) somente teria o condão de vincular as partes caso estas concordassem com todos os pontos do contrato definitivo, o que inclui tanto os elementos essenciais, quanto os elementos naturais e acidentais. Acrescentam que na legislação alemã não existiria qualquer lei especial quanto ao contrato preliminar, sendo aplicadas as normas gerais a todos os contratos.

Apesar de haver alguma discussão sobre a responsabilização por ruptura das negociações com base na quebra da boa-fé[24], na Alemanha não se considera que o contrato preliminar (*Vorvetrag*) teria o condão de vincular as partes ou poderia ser imposto por meio de execução forçada, sem que fosse equiparável ao contrato definitivo sobre todos os seus pontos (necessários e secundários). Assim, embora o contrato preliminar seja analisado pela doutrina, sua aplicação prática é quase inexistente, haja vista que não tem o condão de vincular as partes sem que estejam presentes todos os requisitos para constituição do contrato definitivo. Nesse sentido, confira-se entendimento de KARL LARENZ[25]:

---

[22] ENNECCERUS, Ludwig; KIPP, Theodor e WOLFF, Martin. ***Tratado de Derecho Civil, Derecho de Obligaciones***. Trad. Braz Perez Gonzáles e José Alguer. Buenos Aires: Bosch Publicationes Jurídicas, 1948, v. 2, tomo 2, p. 108.

[23] VON TUHR, Andreas. ***Tratado de Las Obligationes***. Trad. W. Roces. Madrid: Editorial Réus, 1934. Tomo 1, p. 191.

[24] COSTA, Judith Martins. **Contratos Internacionais – Cartas de Intenção no Processo Formativo da Contratação Internacional – Graus de Eficácia dos Contratos – Responsabilidade Pré-Contratual.** Revista Trimestral de Direito Público, n. 5, p. 220.

[25] "Se as partes concordam sucessivamente sobre os pontos distintos do contrato por meio de negociações prolongadas, o contrato não nasce, salvo acordo em contrário, até que cheguem a um acordo sobre todos os pontos 'em que se precise também apenas da declaração de uma

BREVE EVOLUÇÃO HISTÓRICA DO CONTRATO PRELIMINAR

"Si las partes se ponen de acuerdo sucesivamente sobre los distintos puntos del contrato al través de negociaciones prolongadas, el contrato no nace, salvo pacto en contrario, hasta tanto se hayan puesto de acuerdo sobre todos los puntos 'en que precise aunque sólo sea la declaración de una de las partes para establecer un convenio'. Antes de ese momento ninguna de las partes estará vinculada al acuerdo perseguido, pero aún incompleto; cualquiera de ellas podrá romper las negociaciones, sin vulnerar por ello el contrato."

Da mesma forma que na França, o direito alemão não reconhece a força vinculante dos pactos preliminares e também não confere relevância ao contrato preliminar, já que deve conter os mesmos requisitos necessários e secundários que o contrato definitivo. O contrato preliminar chega a ser considerado, pelos alemães, como desnecessário e sem eficácia real.

1.1.3. Itália

Na Itália, somente depois de longos debates sobre sua existência, validade e até mesmo eficácia, foi que o contrato preliminar ganhou força, apoiado pela doutrina e pela jurisprudência do final do século XIX.

Em princípio, era defendida a posição de que seria necessário que o contrato preliminar contivesse todos os requisitos do contrato definitivo. A partir de 1916, por meio de FRANCESCO CARNELUTTI[26], esse entendimento foi contrariado com a possibilidade de que as partes fizessem uma reserva genérica com relação à inclusão futura dos elementos secundários, o que conferiria eficácia vinculativa ao contrato preliminar, ou seja, vincularia as partes e imporia sua execução forçada (em caso de não cumprimento espontâneo por qualquer das partes), ainda que não contivesse todos os elementos do contrato definitivo.

Na mesma época, AURÉLIO CANDIAN[27] sustentou que seria possível que o contrato preliminar contivesse apenas os elementos necessários à

---

das partes para establecer um convênio'. Antes desse momento nenhuma das partes estará vinculada ao acordo buscado, mas também incompleto; qualquer delas poderá romper as negociações, sem enfraquecer desse modo o contrato". – tradução livre. LARENZ, Karl. *Derecho de Obligationes,* Tomo I, Versión Española y notas de Jaime Santos Briz. Madrid: Editorial Revista de Derecho Privado, 1958, p. 86.

[26] CARNELUTTI, Francesco. *Formazione Progressiva Del Contratto.* in Rivista del Diritto Commerciale, vol. XIV – 1916, parte seconda, p. 308 e segs.

[27] CANDIAN, Aurélio. *Questioni in Tema di Formazione dei Contratti,* in Rivista del Diritto Commerciale, parte prima, vol. XIV, 1916, p. 856 e segs.

celebração do contrato definitivo, sendo possível a inclusão posterior dos elementos secundários, desde que tal ressalva fosse específica para cada elemento secundário, não cabendo, todavia, a ressalva genérica.

Em 1921, o Tribunal de Cassação de 28.11.1921[28] definiu, com clareza, a diferença entre o contrato preliminar e o contrato definitivo. Naquele tempo, a despeito da doutrina crescente, ainda não era possível efetuar a execução forçada do contrato preliminar, o que fragilizava, na prática, sua utilidade na Itália.

Foi GIUSEPPE CHIOVENDA[29] quem primeiro defendeu na Itália que o promitente credor poderia interpor recurso em caso de não cumprimento da obrigação assumida pelo promitente devedor, por meio do contrato preliminar, abrindo caminho para que fosse possível obter, por via judicial, o efeito jurídico pretendido pelo contrato que deveria ser celebrado pelas partes, ou seja, conferir eficácia vinculativa (por via judicial) ao contrato preliminar.

Em 1942, o Código Civil italiano consagrou a solução preconizada por CHIOVENDA, ao prever expressamente, no artigo 2932, a possibilidade de execução específica do contrato preliminar. Não obstante a codificação, as divergências doutrinárias permaneceram, especialmente no que diz respeito aos elementos fundamentais para a execução forçada do contrato preliminar (o que se distingue dos elementos necessários para a constituição do contrato preliminar).

Para GIAN ANTONIO MICHELI[30] o contrato preliminar somente seria passível de execução específica caso contivesse o mesmo conteúdo essencial em relação ao contrato definitivo.

No início dos anos sessenta consolidou-se o entendimento acerca da possibilidade do contrato preliminar ser objeto de execução específica mesmo sem conter todos os requisitos de constituição (essenciais e secundários) e elementos de execução. Com a simples presença dos requisitos necessários para a constituição do contrato definitivo, e também dos elementos fundamentais para a execução do contrato preliminar (desde que contendo ressalva quanto à inclusão dos elementos secundários *a*

---

[28] PRATA, Ana. **O Contrato-Promessa e seu Regime Civil**, cit., p. 202.

[29] CHIOVENDA, Giuseppe. *Dell'azione Nascente dal Contratto Preliminare*, in Rivista Del Diritto commerciale, vol. IX (1911), Parte prima, p. 96 e segs.

[30] MICHELI, Gian Antonio. *Dell'Essecuzione Forzata in Tutela dei Diritti in Commentaria del Codice Civile*. Roma: Org. Scialoja e Branca, 1953, p. 534.

BREVE EVOLUÇÃO HISTÓRICA DO CONTRATO PRELIMINAR

posteriori), poderia o juiz suprir o conflito e impor a execução forçada do acordo (tomando o lugar da parte recalcitrante), sempre considerando a natureza do negócio.

Atualmente, o regime italiano do contrato preliminar estabelece, além do já citado artigo 2932, também no artigo 1351[31], que o contrato preliminar é nulo se não for feito pela mesma forma que a lei estabelece para o contrato definitivo. Assim, para a doutrina italiana atual, quando um acordo não se forma imediatamente em um ato, basicamente tem-se três situações, como prevê FRANCESCO GALGANO[32]:

> "(a) **o pacto de opção** (previsto no artigo 1331 do Código Civil Italiano), negócio bilateral mediante o qual se acorda da irrevogabilidade da declaração de uma das partes, relativamente a um futuro contrato que será concluído com a simples aceitação da outra parte (relativo a uma regulamentação negocial inteiramente contemplada no pacto de opção), a qual, contudo, fica livre de aceitar dentro de um certo prazo; (b) **contrato preparatório no sentido estrito** (ou "pontuação") no qual os contraentes se acordam sobre alguns pontos do futuro contrato, de sorte que sobre essas estipulações (não ficando as partes, tal como sucede no caso de simples tratativas, obrigadas) não será necessário novo encontro de vontades sobre os pontos já definidos; (c) **contrato preliminar**, tendo por objeto obrigar as partes (ou uma delas, no caso de preliminar unilateral) a estipular um futuro contrato".

ENZO ROPPO[33], por sua vez, define claramente qual é a força do contrato preliminar (*contratto preliminare*) sob a égide do direito italiano:

> "Há pouco fez-se referência à hipótese de 'formação sucessiva' do contrato, que ocorre quando – sendo as negociações particularmente longas e complexas – as partes fixam, no decurso das mesmas, os acordos parciais já alcançados, redigindo uma minuta, ou esboço, de contrato, reservando-se

---

[31] Código Civil italiano, Artigo 1351: Contratto preliminare – Il contratto preliminare è nullo, se non è fatto nella stessa forma che la lege prescrive per il contratto definitivo. (O contrato preliminar é nulo se não for feito pela mesma forma que a lei estabelece para o contrato definitivo – tradução livre).

[32] GALGANO, Francesco. **Commentario Breve al Códice Civile.** Piacenza: Casa Editrice La Tribuna, 2006, p. 1104.

[33] ROPPO, Enzo. **O Contrato.** Tradução de Ana Coimbra e M. Januário C. Gomes. Coimbra: Almedina, 1988, p. 102-103.

prosseguir as negociações para a definição dos outros pontos – porventura só acessórios – deixados em suspenso, e assim chegar à estipulação definitiva do contrato. O problema que se põe nestes casos (a resolver de modo diverso, segundo as circunstâncias do caso concreto) consiste em estabelecer se os acordos parciais fixados em minuta são já vinculantes para as partes, salva a sua futura integração, ou se, inversamente, as partes devem considerar-se vinculadas só com a conclusão do acordo definitivo.

'Fattispecies' deste género podem, por vezes, dar lugar à figura, de que nos ocupamos agora, do contrato-promessa, mas não devem ser confundidas com este. Com o contrato-promessa, na verdade, as partes não se obrigam simplesmente a prosseguir as negociações (permanecendo firmes os eventuais acordos já alcançados), mas obrigam-se, sem mais, a concluir um contrato com certo conteúdo. A peculiaridade de tal instrumento jurídico é justamente esta: as partes já definiram os termos essenciais da operação econômica que tencionam realizar (suponhamos, a venda de um imóvel por certo preço), mas não querem passar de imediato a actuá-la juridicamente, não querem concluir, desde já, o contrato produtor de efeitos jurídico-econômicos próprios da operação; preferem remeter a produção de tais efeitos para um momento subsequente, mas, ao mesmo tempo, desejam a certeza de que estes efeitos se produzirão no tempo oportuno, e por isso não aceitam deixar o futuro cumprimento da operação à boa vontade, ao sentido ético, à correcção recíproca, fazendo-a, ao invés, desde logo matéria de um vínculo jurídico. Estipulam, então, um contrato preliminar, do qual nasce precisamente a obrigação de concluir, no futuro, o contrato definitivo e, com isso, de realizar efectivamente a operação econômica prosseguida."

Nota-se, com isso, que o direito italiano atual prevê claramente uma distinção entre os documentos preliminares celebrados durante a fase de negociação do contrato e o contrato preliminar, que já contém os requisitos necessários do contrato definitivo, mas ainda está pendente dos elementos secundários necessários para a celebração do contrato definitivo.

Com a possibilidade de constituição prévia do contrato preliminar, vinculando as partes envolvidas, bem como diante da possibilidade de se promover a execução forçada por qualquer das partes, se houver recusa da outra parte em celebrar o contrato definitivo, o contrato preliminar ganhou inegável força nas relações negociais, conferindo maior segurança às partes durante a fase pré-contratual.

1.1.4. Portugal

No direito português, embora o contrato preliminar não tivesse referência no mais antigo direito português, essa figura veio, ao longo dos anos, se delineando por meio da evolução das disposições relacionadas à possibilidade de arrependimento e ao pagamento de sinal, desde as ordenações do reino (Afonsinas, Manuelinas e Filipinas).

O Código Comercial português de 1833 e o Código Civil português de 1867 apresentaram uma evolução da promessa de compra e venda.

Com o passar dos anos, a doutrina e a jurisprudência portuguesas passaram a conceber o "contrato-promessa" como figura geral, dissociando-o da promessa de compra e venda.

O contrato-promessa tem previsão expressa nos artigos 410 a 413 do Código Civil português de 1966, com sua eficácia executória estabelecida expressamente por meio do artigo 830 do mesmo diploma legal. Também merece destaque o "pacto de preferência", previsto no artigo 414, que é considerado por alguns autores como sendo parte da classe "contratos preliminares" no direito português[34].

A celebração de contratos-promessa no direito português atual, segundo LUÍS MANUEL TELES DE MENEZES LEITÃO[35], "apresenta-se como muito frequente na actual vida econômica". O mencionado autor ainda complementa sua análise sobre a aplicação prática dos contratos-promessa no direito português atual:

> "Efectivamente, em muitas situações as partes iniciam negociações para a conclusão de um contrato, e chegam a acordo relativamente a essa celebração, mas não querem ou não podem por algum motivo realizá-la naquele momento (pode, por exemplo, o contrato definitivo exigir escritura pública e não haver possibilidade de a efectuar imediatamente). Nesses casos, em lugar de celebrar logo o contrato definitivo, as partes podem comprometer-se à sua celebração, assumindo uma obrigação nesse sentido. Essa obrigação tem por objecto a emissão de uma declaração negocial, podendo por isso ser caracterizada como uma prestação de facto jurídico."

---

[34] LEITÃO, Luís Manuel Teles de Menezes. **Direito das Obrigações.** Vol. 1, 7ª edição. Coimbra: Almedina, 2008, p. 216-218.

[35] LEITÃO, Luís Manuel Teles de Menezes. **Direito das Obrigações**, cit., p. 218.

MÁRIO JÚLIO DE ALMEIDA COSTA[36] também concorda que o contrato-promessa tem sido usado com bastante frequência nos dias atuais, e o distingue dos demais acordos celebrados durante a fase de negociações preliminares:

> "Trata-se de um instituto de grande aplicação prática.
> (...)
> O contrato-promessa distingue-se com nitidez dos meros actos de negociação que frequentemente integram o processo formativo dos negócios jurídicos e que, às vezes, fundamentam a responsabilidade pré-contratual. É que esses trâmites do 'iter negotii', embora dotados de relevância jurídica, apresentam-se destituídos de eficácia contratual específica, ao contrário do que se verifica com o contrato-promessa e os demais negócios preparatórios ou preliminares, que, do mesmo modo, podem incluir-se no processo de elaboração de um negócio jurídico."

Adicionalmente, destaca-se que a maior parte da doutrina portuguesa considera ser possível executar de forma forçada o contrato-promessa, em situações em que uma das partes deixe de cumprir a obrigação fundamental, qual seja, a celebração do contrato definitivo.

ABEL DELGADO[37] destaca que, com a execução específica, é possível que a parte prejudicada vá a juízo para obter uma sentença que valha pelo contrato prometido. Trata-se de uma sentença constitutiva que produz efeitos declaratórios, com a mesma eficácia que teria o contrato definitivo que não foi voluntariamente assinado pela outra parte. A sentença substitui a declaração de vontade do promitente faltoso e também a parte que este estaria a emitir. Ou seja, o juiz pode complementar o contrato quanto aos elementos secundários, valendo-se da análise sobre o tipo do negócio a ser celebrado.

Para ANTUNES VARELA[38], durante muito tempo prevaleceu a ideia de que a única sanção possível para o descumprimento do contrato preliminar seria o pleito indenizatório dos prejuízos decorrentes do inadimplemento.

---

[36] COSTA, Mário Júlio de Almeida. **Direito das Obrigações**. 11ª edição. Coimbra: Almedina, 2008, p. 380-382.

[37] DELGADO, Abel. **Do Contrato-Promessa**. 3ª ed. Lisboa: Livraria Petrony, 1985, p. 310-311.

[38] VARELA, João de Matos Antunes. **Das Obrigações em Geral**. Vol. 1, 10ª ed. Coimbra: Almedina, 2008, p. 335-336.

BREVE EVOLUÇÃO HISTÓRICA DO CONTRATO PRELIMINAR

Posteriormente, passou-se a admitir que a decisão judicial (ou arbitral) suprisse a falta de cumprimento do contrato, para impor a sua celebração.

ANA PRATA[39], ao tratar da execução forçada do contrato-promessa, ressalta que: "pressuposto evidentemente necessário do recurso à execução específica é a existência de um contrato-promessa válido e eficaz, quando constitua este a fonte da obrigação de contratar."

Embora exista divergência doutrinária, tem-se consolidado o entendimento mais recente na doutrina e também na jurisprudência portuguesa, no sentido de que o contrato-promessa tem o condão de vincular as partes e também é passível de execução forçada, mesmo quando requeira complementação futura dos elementos secundários (ou acessórios), autorizando o juiz a fazê-lo. Assim, de acordo com a mais recente doutrina portuguesa, o contrato-promessa vem se consolidando como uma opção eficaz de vinculação das partes, durante a fase negocial dos contratos relacionados à vida econômica e social atual.

1.1.5. Direito Anglo-Saxão

Já o direito anglo-saxão (Inglaterra e Estados Unidos da América), em que se tem um quadro de liberdade contratual, no qual as negociações preliminares não são consideradas como criadoras de vínculos entre as partes até a celebração definitiva do contrato, a menos que as partes expressamente determinem em contrário (*freedom of contract*), não contém figura semelhante ao contrato preliminar propriamente dito.

Apesar de não haver previsão expressa nas regras, por se tratar de sistemas pautados no direito consuetudinário (*common law*), existem situações e precedentes em que foram discutidas questões que envolvem a possibilidade ou não de vinculação das partes por meio de contratos preparatórios, seja qual for o tipo de instrumento utilizado.

No direito inglês leva-se em consideração a vontade das partes no momento da celebração do instrumento pré-contratual, conforme definido no documento.

Em regra, os documentos celebrados durante a fase de negociação do contrato não têm o condão de vincular as partes, com base no princípio anglo-saxão de que obrigar a contratar seria uma contradição ao próprio

---

[39] PRATA, Ana. **O Contrato-Promessa e seu Regime Civil**, cit., p. 897.

termo contratar. Nesse sentido foi o entendimento apresentado por meio do emblemático caso *Von Hatzfeldt – Wildenburg vs. Alexander*, de 1924, que considerou não vinculativo um *agreement to agree,* por ser muito vago e indefinido para poder ser executado[40].

Existem, porém, questionamentos sobre a possibilidade de vinculação dos instrumentos preliminares no direito inglês, como ocorrido, por exemplo, no caso *Rose and Frank vs. Crompton Bros,* de 1923 que apesar de haver previsão expressa de que as partes não se vinculariam com a assinatura da carta de intenção, o contrato se perfez na prática com a venda de produtos, o que vinculou as partes, com todos os efeitos de um contrato de compra e venda[41]. *Mallozzi vs. Carapelli,* de 1974[42], o qual julgou como vinculante um *agreement to agree,* porque se estaria diante de um *agreement with open terms* e, por isso, seria possível a vinculação prévia das partes.

No direito norte-americano, a regra geral é de que não existe vínculo entre as partes durante a fase de negociações do contrato, sendo que expressões como *subject to contract, letter of intent, memorandum of understandings* ou equivalente não têm o condão de vincular as partes a celebrar contrato futuro, mas tão-somente servem de base para que as partes negociem, sem obrigatoriedade, até que cheguem, em comum acordo, ao contrato final.

Existem, no entanto, situações práticas em que as cortes norte-americanas consideram, no caso específico, que os instrumentos celebrados durante a fase negocial já continham força vinculante suficiente para obrigar as partes, destacando-se os precedentes clássicos como: *International Telemeter Corp. vs. Teleprompter Corp.,* de 1979[43]; *Texaco Inc. vs. Pennzoil Co.,* de 1987[44], este último por ter sido identificado um *"intent of the parties to be bound".*

É importante notar ainda que, no direito anglo-saxão, há figura semelhante à chamada execução específica do contrato preliminar, denominada

---

[40] PRATA, Ana. **O Contrato-Promessa e seu Regime Civil**, cit., p. 242.

[41] COSTA, Judith Martins. **Contratos Internacionais – Cartas de Intenção no Processo Formativo da Contratação Internacional – Graus de Eficácia dos Contratos – Responsabilidade Pré-Contratual.** Revista Trimestral de Direito Público, n. 5, p. 213.

[42] PRATA, Ana. **O Contrato-Promessa e seu Regime Civil**, cit., p. 243.

[43] U.S. Court of Appeals, Second Circuit – No. 52, Dochet 78-7111 – *International Telemeter Corp. vs. Teleprompter Corp.,* Decided on January 15, 1979.

[44] U.S. Supreme Court – 481, U.S.1 (1987) – *Pennzoil Co. v. Texaco Inc.,*– Appeal from the United States Court of Appeals for the Second Circuit – No. 85.1798 – Argued on January 12, 1987 (Decided on April 6, 1987).

specific performance da *"equity"*, quando se é possível obter, por essa via, a aquisição da propriedade.

No que diz respeito à execução do documento preliminar, destaca-se o precedente norte-americano *Chillingworth vs. Esche*, de 1924[45], em que o documento foi considerado suficientemente completo para vincular as partes.

Cabe destacar, ainda, que mesmo durante as negociações preliminares, nos países anglo-saxões, aplicam-se também os princípios e regras relativos à boa-fé negocial. Nesse sentido, confira-se entendimento esposado por NILI COHEN:

> *"The distinction is rooted in the law of contract, which is predicated upon these two notions of freedom: the positive freedom of contract, which means that the parties are free to create a binding contract reflecting their free will, and the negative freedom of contract, which means that the parties are free from obligations so long as a binding contract has not been concluded.*
>
> *(...)*
>
> *Negative freedom in the negotiations is not sacred: even a non-contractual promise or a mere expectance may have a certain binding force under the doctrine of good faith in negotiation.*
>
> *The duty of good faith is likely to limit the negative freedom from contract and the possibility of abusing the contractual rules of the game. In fact, this duty has also become part and parcel of the rules of the games themselves."* [46]

---

[45] VIRGO, Grahan. *The Principals of the Law of Restitution*. Oxford University Press: Oxford, UK, 1999, p. 364.

[46] "A distinção está enraizada na lei dos contratos, no qual está prevista a natureza dessas duas ideias de liberdade: da liberdade contratual positiva, que significa que as partes são livres para criar um vínculo contratual refletindo a autonomia da vontade, e da liberdade contratual negativa, que significa que as partes são livres de obrigações até o momento em que o vínculo contratual não tenha sido concluído.

(...)

A liberdade negativa não se consagra nas negociações: até mesmo uma promessa não contratual ou a mera expectativa pode ter força vinculante sob os olhos do principio da boa-fé nas negociações.

O dever da boa-fé é limitar a liberdade negativa do contrato e limitar a possibilidade de abuso das regras contratuais no negócio. De fato, esse dever também se tornou parte e parcela das regras do próprio negócio." – tradução livre do autor. In COHEN, Nili. *Pre-Contractual Duties: Two Freedoms and The Contract to Negotiate*. In Good Faith and Fault in Contract Law [J. Beatson and D. Friedmann Editors], Oxford University Press: 25-56 (1995))

Assim, de forma bem sucinta, denota-se que nos países regulados pelo sistema da *common law,* como a *Inglaterra* e os *Estados Unidos da América,* em regra, os documentos preliminares não vinculam as partes, mas existem casos em que é possível impor às partes, desde que comprovado em um caso específico, que sejam cumpridas as obrigações assumidas durante a fase negocial, independentemente do tipo de documento que for celebrado.

1.1.6. Direito Comunitário – Comunidade Europeia

No âmbito do direito internacional privado, existem alguns princípios que podem nortear o estudo do contrato preliminar, com destaque para os trabalhos desenvolvidos na comunidade europeia, especialmente aqueles relacionados aos recentes princípios internacionais da UNIDROIT (*Principles of International Commercial Contracts 2004*), que admitem, especificamente no seu item 2.1.14[47], a validade do contrato, ainda que alguns aspectos tenham sido deixados em aberto propositalmente, para acerto futuro pelas partes.

Trata-se, em verdade, de aceitação uniforme do contrato preliminar na Comunidade Europeia, a despeito das regras específicas de cada país. Com relação especificamente à aplicação do item 2.1.14 dos princípios da UNIDROIT, confira-se decisão parcial proferida em procedimento arbitral administrado pelo Centro de Arbitragem da *International Chamber of Commerce (ICC),* envolvendo uma empresa inglesa e uma agência governamental de um país do oriente médio:

---

[47] "**Art. 2.1.14** (*Contract with terms deliberately left open*). (1) *If the parties intend to conclude a contract, the fact that they intentionally leave a term to be agreed upon in further negotiations or to be determined by a third person does not prevent a contract from coming into existence. (2) The existence of the contract is not affected by the fact that subsequently (a) the parties reach no agreement on the term; or (b) the third person does not determine the term, provided that there is an alternative means of rendering the term definite reasonable in the circumstances, having regard to the intention of the parties.*"

(**Art. 2.1.14** (Contrato com cláusulas intencionalmente abertas) (1) Se as parte pretendem concluir um contrato, o fato de que elas intencionalmente deixem uma cláusula a ser acordada em futuras negociações ou dependente da determinação de uma terceira pessoa não obsta ao surgimento do contrato. (2) A existência do contrato não é afetada pelo fato de que subsequentemente (a) as partes não cheguem a acordo quanto à cláusula; ou (b) a terceira pessoa não a determine, desde que não haja meios alternativos de deixar a cláusula definida, que seja razoável nas circunstâncias, considerada a intenção das partes.) – tradução obtida no *website* em 12/10/2009: http://www.unidroit.org/english/principles/contracts/principles2004/translations/blackletter2004-portuguese.pdf.

"Arbitral Award – ICC – Abstract:

An English company and a government agency of a Middle Eastern country entered into nine related contracts for the supply of equipment concluded between. None of the contracts contained an express choice of law provision in favor of a given domestic law but some of them contained provisions referring to settlement according to "natural justice", "laws of natural justice" or "rules of natural justice".

Four years after a first partial award (ICC International Court of Arbitration Partial Award no. 7110 of June 1995) in which the Arbitral Tribunal decided to apply the UNIDROIT Principles, the Arbitral Tribunal rendered a second partial award in which it addressed a number of questions concerning the merits of the case.

(...)

Lastly, the Arbitral Tribunal affirmed the validity of an agreement between the parties even if they have left some terms to be agreed upon in further negotiations and in this respect referred to Article 2.14 [Art. 2.1.14 of the 2004 edition] of the UNIDROIT Principles dealing with contract with terms deliberately left open."[48]

No mesmo sentido, confira-se decisão proferida nos autos de arbitragem administrada pelo *International Centre for Settlement of Investment Disputes (ICSID)*, envolvendo um consórcio turco e o governo turco, sobre uma disputa relativa ao desenvolvimento de uma planta de eletricidade na Turquia:

---

[48] "Decisão Arbitral – ICC – Resumo: Uma companhia Inglesa e uma agência governamental do Centro Leste do país celebraram nove contratos associados para fornecimento de equipamentos. Nenhum dos contratos continha expressamente a escolha da lei aplicável em relação à dada lei local, mas alguns deles continham previsão referente à determinação das decisões de acordo com a "justiça natural", "leis da justiça natural" ou "regras da justiça natural".

Quatro anos depois da primeira decisão parcial (Decisão Parcial da Corte Internacional de Arbitragem nº 7110 de Junho de 1995) no qual o Tribunal Arbitral decidiu aplicar os Princípios do UNIDROIT, o Tribunal Arbitral proferiu uma segunda decisão parcial que abordou uma série de questões no tocante ao mérito do caso.

(...)

Por fim, o Tribunal Arbitral afirmou a validade do acordo entre as partes mesmo quando essas deixam alguns termos em aberto para serem acertados após futuras negociações, e, nesse sentido, fez referência ao Artigo 2.14 [Art. 2.1.14 da Edição de 2004] dos Princípios do UNIDROIT, que lidam com contratos contendo termos que foram deliberadamente deixados em aberto" – tradução livre do autor). (in *Excerpts of the award published in ICC International Court of Arbitration Bulletin, Vol. 10, No. 2, Fall 1999, 54-57 (in* http://www.unilex.info/case.cfm?pid=2&do=case&id=650&step=Abstract) – Por se tratar de caso sigiloso, não aparecem as partes ou maiores detalhes do caso.

> *"BOT [Build, Operate and Transfer] contract for the development of electricity plant in Turkey between a u.s. – Turkish consortium and the government of Turkey – reference to the UNIDROIT principles to interpret and supplement the applicable domestic law (Turkish Law)*
> *Contract with essential terms deliberately left open and to be agreed upon at later date – contract valid if parties intended to be bound by the contract – reference by claimant to art. 2.14 (now 2.1.14) of the UNIDROIT principles."*[49]

Nota-se, pois, que a tendência européia é de aceitação da validade e eficácia do contrato preliminar que contenha os requisitos essenciais do contrato definitivo, sendo possível a complementação futura com os requisitos secundários faltantes.

1.2. No direito brasileiro

Durante a vigência do Código Civil de 1916, a doutrina e a jurisprudência nacional sofriam uma maior influência dos direitos alemão e francês, e consideravam, na sua grande maioria, que o contrato preliminar deveria conter os mesmos requisitos do contrato definitivo, e que eventual inexecução das obrigações previstas no contrato preliminar deveria ser resolvida exclusivamente em perdas e danos. Nesse sentido, confira-se entendimento de PAULO NADER[50]:

> "No passado, diante do descumprimento da promessa, entendia-se possível apenas o pleito de indenização, mas como a prova de perdas e danos,

---

[49] "Contrato BOT [sigla em inglês para *Build, Operate and Transfer*] para o desenvolvimento da produção de eletricidade na Turquia através do consórcio entre a U.S – Turkish e o governo da Turquia faz referência aos Princípios do UNIDROIT para interpretar e suprir a aplicação da lei local (Lei da Turquia).
Contrato com termos essenciais deliberadamente deixados em aberto para serem acertados posteriormente – contrato válido se as partes têm intenção de criar uma relação através do contrato – em relação à pretensão do art. 2.14 (agora 2.1.14) dos Princípios do UNIDROIT." – tradução livre do autor) (*in International Centre for Settlement of Investment Disputes (ICSID) – PSEG Global Inc., The North American Coal Corporation and Konya Ilgin Elektrik Üretim ve Ticaret Limited Sirketi v. Republic of Turkey – ARB/02/5 – 04.06.2004 (in* http://www.unilex.info/article. cfm?pid=2&pos=27&iid=1326&cid=51#IID1326 – acessado em 15/10/2009).

[50] NADER, Paulo. **Curso de Direito Civil.** Vol. 3 – Contratos. Rio de Janeiro: Editora Forense, 2005, p. 156.

frequentemente, se revelava difícil, as partes passaram a adotar a prática do sinal ou arras e, como alternativa, a cláusula de arrependimento."

Com base apenas na opção indenizatória para o caso de descumprimento da promessa de contratar, considerava-se que tal instrumento possuía apenas natureza obrigacional, sob a influência do artigo 1142 do Código Civil de 1916 e também sob a máxima *nemo potest cogi ad factum*, que pregava a impossibilidade de conferir ao juiz a complementação ou substituição da liberdade das partes.

Embora o Código Civil de 1916 contivesse um embrião da teoria do contrato preliminar em seu artigo 1088[51], é certo que não havia tratamento expresso sobre o tema na área contratual. Havia, no entanto, uma regulação dessa figura jurídica por meio do artigo 1006[52] do Código de Processo Civil de 1939 e, posteriormente, por meio dos artigos 639, 640 e 641 do Código de Processo Civil de 1973[53].

Naquele momento, contrato preliminar consistia em uma teoria fundada basicamente em avaliar se havia sido criada uma real expectativa das partes durante a fase pré-negocial e, em caso de não assinatura do contrato definitivo, caberia indenização com base em perdas e danos. O contrato preliminar deveria conter necessariamente todos os requisitos do contrato

---

[51] **"Art. 1088.** quando o instrumento público for exigido como prova do contrato, qualquer das partes pode arrepender-se, antes de o assinar, ressarcindo à outra às perdas e danos resultantes do arrependimento, sem prejuízo do estatuído nos arts. 1.095 a 1.097 do Código Civil."

[52] **"Art. 1006.** Condenado o devedor a emitir declaração de vontade, será esta havida por enunciada, logo que a sentença de condenação passe em julgado. §1º Os efeitos da declaração de vontade que dependam do cumprimento de contraprestação ficarão em suspenso até o cumprimento desta. §2º Nas promessas de contratar, o juiz assinará prazo ao devedor para executar a obrigação, desde que o contrato preliminar preencha as condições do definitivo."

[53] **Art. 639.** [atual art. 466-B – Se aquele que se comprometeu a concluir um contrato não cumprir a obrigação, a outra parte, sendo isso possível e não excluído pelo título, poderá obter uma sentença que produza o mesmo efeito do contrato a ser firmado.] (Incluído pela Lei nº 11.232, de 2005)

Art. 640. [atual art. 466-C – Tratando-se de contrato que tenha por objeto a transferência da propriedade de coisa determinada, ou de outro direito, a ação não será acolhida se a parte que a intentou não cumprir a sua prestação, nem a oferecer, nos casos e formas legais, salvo se ainda não exigível.] (Incluído pela Lei nº 11.232, de 2005)

Art. 641 [atual art. 466-A - Condenado o devedor a emitir declaração de vontade, a sentença, uma vez transitada em julgado, produzirá todos os efeitos da declaração não emitida.] (Incluído pela Lei nº 11.232, de 2005)

definitivo para ser válido e eficaz, conforme restou definido por meio do emblemático *Caso Disco*[54], que, *inter alia*, considerou que o documento assinado pelas partes, embora fosse denominado "contrato preliminar", não possuía todos os elementos necessários para a sua constituição e, também, não poderia ser objeto de execução forçada, por meio do Poder Judiciário.

No referido precedente jurisprudencial, embora estivessem presentes os requisitos essenciais para a formação do contrato definitivo de compra e venda de ações, naquela época a doutrina e jurisprudência eram majoritárias ao considerar necessária a presença de todos os requisitos do contrato definitivo para que o contrato preliminar tivesse força vinculante e a eficácia desejada. Como consequência natural pelo rompimento das tratativas negociais, cabia apenas a reparação de perdas e danos incorridos em decorrência da expectativa criada e não consumada.

A ausência de identidade entre o contrato preliminar e o contrato futuro foi considerada fundamental para que o instrumento fosse descaracterizado como contrato preliminar, passando a ter valor de mera minuta, que refletia as tratativas até então acordadas, com outras cláusulas e termos a serem futuramente definidos. Em fragmento do voto, o Min. Relator destaca que:

> "(...) [P]ortanto, no direito comercial brasileiro, só se forma o vínculo contratual (preliminar ou definitivo), quando as partes chegam a acordo sobre as cláusulas que devem constar do contrato, sejam elas relativas aos denominados elementos essenciais, sejam elas referentes aos chamados elementos acidentais, ambos objetivamente considerados.
>
> Se, no curso das negociações, concordam com relação a certos pontos e deixam em aberto outros, ainda que, em documento escrito, estabeleçam a irretratabilidade quanto aos pontos já acertados e declarem que os demais serão objeto de acordo posterior, o contrato preliminar somente surgirá no momento em que houver a concordância sobre estes, completando-se, assim, o acordo sobre o conteúdo global do contrato. Enquanto esse acordo posterior não ocorrer, continua-se no terreno das tratativas, não sendo permitido, porém, a qualquer das partes, isoladamente, se quiser vir a celebrar o contrato, desrespeitar o acordo sobre os pontos já acertados, e sendo certo, por outro lado, que, no momento em que ocorrer a concordância sobre as cláusulas em

---

[54] Supremo Tribunal Federal, **Recurso Extraordinário nº 88.716-4//RJ**, Rel. Min. Moreira Alves, Segunda Turma, 11.9.1979.

BREVE EVOLUÇÃO HISTÓRICA DO CONTRATO PRELIMINAR

discussão, o contrato, independentemente de ratificação do acordo parcial, se reputa aperfeiçoado, vinculando-se as partes ao seu adimplemento.

Não se admite, em nosso sistema jurídico, ao contrário do que ocorre no direito suíço e no direito austríaco, que o juiz se substitua às partes para preencher os pontos em branco sobre os quais elas, apesar das negociações posteriores à minuta, não chegaram a um acordo.

(...)

E essa vinculação provisória e eventual de uma das partes, que, com o exercício da 'opção', passou a ser de ambas as partes, com isso não teve, evidentemente sua natureza jurídica mudada, senão apenas de vinculação provisória e eventual unilateral passou a ser vinculação provisória e eventual bilateral. Mas sempre vinculação provisória e eventual, diferente, portanto, de contrato preliminar unilateral ou bilateral.

(...)

Por outro lado, para que possa ser julgada procedente a ação a que alude o art. 639 do Código de Processo Civil, é mister que, não apenas se trate de contrato preliminar, mas também que esse contrato preliminar contenha todos os elementos do contrato definitivo."[55]

Como consequência, definiu-se que seriam pagos apenas perdas e danos, não sendo cabível a execução forçada do documento, já que este foi considerado apenas como parte da fase prévia de negociações preliminares, portanto, sem o condão de vincular as partes.

No mesmo caso, houve voto divergente do Min. Leitão de Abreu, que considerou que o instrumento seria um contrato preliminar com obrigação fraca, ou seja, estariam presentes os princípios objetivos, com algumas cláusulas em aberto para posterior complementação, o que seria suficiente para configurar a existência do contrato preliminar. Assim, apesar de se tratar de contrato preliminar, o documento, no entendimento do Min. Leitão de Abreu, não continha força obrigatória suficiente para impor a execução forçada do contrato definitivo.

No seu entender, embora o instrumento contivesse os requisitos essenciais para a constituição do contrato preliminar, não estavam presentes os pressupostos necessários para a sua imposição forçada (execução), ou seja, estavam em aberto diversos pontos que ainda seriam negociados

---

[55] Supremo Tribunal Federal, **Recurso Extraordinário nº 88.716-4//RJ**, Rel. Min. Moreira Alves, Segunda Turma, 11.9.1979.

até a celebração do contrato definitivo. Ainda que se tratasse de contrato preliminar, seriam necessárias maiores definições para conferir eficácia executiva ao contrato preliminar em questão.

A decisão do Min. Moreira Alves, que prevaleceu no referido julgamento, suscitou muitas críticas na doutrina nacional, com destaque para as críticas apresentadas por ALCIDES TOMASETTI JUNIOR[56], em sua tese de doutoramento apresentada em 1982 na Faculdade de Direito de São Paulo, que ressalta ter havido uma "indevida extensão da norma do art. 191 do Código Comercial" pelo julgado mencionado.

Nos anos oitenta, diversos julgados confirmaram o entendimento apresentado anteriormente pelo Min. Moreira Alves, na referida decisão emblemática, com destaque para os seguintes julgados:

> "O art. 639 do Código de Processo Civil pressupõe a existência de contrato preliminar que contenha o mesmo conteúdo que o contrato definitivo que as partes se comprometeram a celebrar" (RTJ 92:250)
>
> "Se o contrato preliminar contém todos os elementos necessários para que se converta em definitivo, é possível a aplicação do art. 639 do Código de Processo Civil" (Ap. Civ. 1.7756/89 – Curitiba, Ac. 4.956, 4ª Cam. Cível do TJPR, Rel. Des. Troiano Netto, DJPR 18.8.88, p. 7)
>
> "(...) quando se trata de execução específica do art. 639 do CPC, uma das condições para que a sentença substitua a vontade da parte recalcitrante é que o pré-contrato reúna todos os requisitos que são necessários ao contrato definitivo, o que por sinal está no próprio texto constitucional (...)" (1ª Cam. do TJMG, j. 3.10.1989, Rel. Des. Bady Curi, RT 672:176)

Estudos doutrinários e precedentes jurisprudenciais de outros países passaram a ser analisados e, aos poucos, aplicados em nosso ordenamento. A rigidez quanto aos requisitos do contrato preliminar abrandou-se, passando a se aceitar a vinculação do contrato preliminar somente com a presença dos requisitos essenciais para a formação do contrato definitivo, sendo possível que os requisitos secundários venham a ser complementados futuramente.

Adicionalmente, com base na importância contemporânea das prestações de fazer, não mais se toleravam as dificuldades impostas pela simples

---

[56] TOMASETTI JUNIOR, Alcides. **Execução do Contrato Preliminar.** (Tese de doutoramento). Faculdade de Direito da Universidade de São Paulo, 1982, p. 249.

substituição da obrigação de fazer, imposta pelo contrato preliminar pelo seu equivalente pecuniário.[57] Ou seja, as partes, na maioria dos casos, uma vez que acordavam sobre os aspectos relevantes e essenciais do contrato definitivo, já tinham a real expectativa de ter tais obrigações eficazmente executadas, ainda que alguns pontos permanecessem em aberto para definição futura. Tal necessidade se fazia cada vez mais presente em decorrência do aumento da complexidade das relações negociais, em especial nos negócios internacionais de grande porte ou que envolvessem autorização ou liberação do Estado para a continuidade dos negócios.

Por influência de GIUSEPPE CHIOVENDA[58], por meio do ensaio: *"Dell'azione nascente del contratto preliminare"*, bem como da monografia de LUIS EULÁLIO DE BUENO VIDIGAL[59], por meio da qual se pregou a possibilidade de execução específica para os casos em que houvesse infungibilidade jurídica e não material, com a complementação pelo Poder Judiciário, conferiu-se maior flexibilidade e força ao contrato preliminar. Consequentemente, aumentou-se a eficácia prática do contrato preliminar e, também, o seu uso efetivo nas relações obrigacionais de alta complexidade.

A base para essa evolução doutrinária deveu-se à necessidade de atualização das figuras jurídicas à realidade prática dos negócios internacionais e domésticos, haja vista que as partes já expressavam suas vontades em contratar desde a celebração do contrato preliminar, que seria o primeiro estágio vinculante do pacto entre as partes com vistas a alcançar o contrato prometido.

Além disso, também se passou a avaliar a força das obrigações impostas às partes e até mesmo a terceiros, por meio do contrato preliminar, o que também gerou grande divergência doutrinária, já que a fase negocial está sempre evoluindo e o contrato preliminar pode também sofrer evolução durante o desenvolvimento e consolidação do contrato definitivo.

Assim, sob forte influência de estudos comparados, bem como seguindo-se a lógica prática dos negócios complexos que vinham sendo celebrados

---

[57] ASSIS, Araken; ANDRADE, Ronaldo Alves de; ALVES, Francisco Glauber Pessoa. (Coordenadores: ALVIM, Arruda e ALVIM, Thereza). **Comentários ao Código Civil Brasileiro**. v.5. São Paulo: Forense, 2007, p. 445.

[58] CHIOVENDA, Giuseppe. ***Dell'azione Nascente Del Contratto Preliminare***, cit., p. 101-120.

[59] VIDIGAL, Luis Eulálio de Bueno. **Da Execução Direta das Obrigações de Prestar Declaração de Vontade**. In Direito Processual Civil. São Paulo: Saraiva, 1965, p. 115-192.

no dia a dia da prática comercial e jurídica, o contrato preliminar passou a ser amplamente usado no Brasil, mesmo quando ainda não havia a possibilidade de equiparação ao contrato definitivo, contrariando claramente o precedente do Caso Disco[60].

A doutrina passou, então, a qualificar como contrato preliminar instrumentos que continham apenas os requisitos essenciais para a celebração do contrato definitivo, viabilizando que ficassem em aberto alguns pontos durante o processo. Ou seja, as partes passaram a ficar vinculadas já na fase pré-contratual, ao menos com relação aos pontos já definidos, cabendo perdas e danos quando ainda não houvesse força suficiente das obrigações, e execução forçada do contrato preliminar quando houvesse força obrigacional suficiente.

Essa tendência se refletiu no projeto de lei que deu origem ao Código Civil de 2002, cujas comissões elaboradoras e revisoras sofreram influência de tendências e legislações estrangeiras (especialmente a italiana e a portuguesa)[61].

---

[60] Supremo Tribunal Federal, **Recurso Extraordinário nº 88.716-4//RJ**, Rel. Min. Moreira Alves, Segunda Turma, 11.9.1979.

[61] **"Livro I – Do Direito das Obrigações**

(...)

21. Mantida, em linhas gerais, a sistematização da matéria proposta pelo ilustre Professor AGOSTINHO ALVIM, e por ele tão minuciosa e objetivamente fundamentada, apresenta a redação final do Projeto algumas modificações, resultantes da orientação seguida nas demais partes do sistema, bem como para acentuar a atendimento às já apontadas exigências de socialidade e concreção, em consonância com o imperativo da função social do contrato, "ad instar" do que se dá com o direito de propriedade.

Outras alterações resultaram do estudo de sugestões recebidas de órgãos representativos de diversos "campos de interesse", como se dá, por exemplo, quanto ao contrato de empreitada. As reivindicações dos construtores foram atendidas, sem se deixar de salvaguardar, concomitantemente, os direitos dos proprietários. Este é, dentre muitos, um exemplo de como se procurou sempre compor os imperativos do bem individual com os do bem comum. Observo, outrossim, que, em mais de um passo, o Projeto final integra em seu contexto algumas proposições normativas constantes dos Anteprojetos de Código das Obrigações, de 1941 e 1965, às vezes sem lhes alterar a redação, assim como adota outras soluções inspiradas nas mais recentes codificações ou reformas legislativas estrangeiras aplicáveis às nossas circunstâncias.

Não me posso alongar nas razões determinantes das modificações ou acréscimos propostos à legislação vigente, neste como nos demais Livros do Anteprojeto, mas elas se explicam graças ao simples cotejo dos textos. Limito-me, pois, a lembrar os pontos fundamentais, sem ser necessário fazer referências minuciosas às novas figuras contratuais que vieram

Com o advento do Código Civil de 2002 (Lei no. 10.406 de 10 de janeiro de 2002), o contrato preliminar deixou de ser uma teoria doutrinária e jurisprudencial, destinada a alguns tipos de contratos, passando a ser considerado uma figura com *status* de norma, ao ser codificado por meio dos artigos 462 a 466 do Código Civil atual:

> "**Art. 462.** O contrato preliminar, exceto quanto à forma, deve conter todos os requisitos essenciais ao contrato a ser celebrado.
>
> **Art. 463.** Concluído o contrato preliminar, com observância do disposto no artigo antecedente, e desde que dele não conste cláusula de arrependimento, qualquer das partes terá o direito de exigir a celebração do definitivo, assinando prazo à outra para que o efetive.
>
> Parágrafo único. O contrato preliminar deverá ser levado ao registro competente.
>
> **Art. 464.** Esgotado o prazo, poderá o juiz, a pedido do interessado, suprir a vontade da parte inadimplente, conferindo caráter definitivo ao contrato preliminar, salvo se a isto se opuser a natureza da obrigação.
>
> **Art. 465.** Se o estipulante não der execução ao contrato preliminar, poderá a outra parte considerá-lo desfeito, e pedir perdas e danos.

enriquecer o Direito das Obrigações, como os contratos de comissão, de agência e distribuição, corretagem, incorporação edilícia, transporte etc., aos quais foram dadas soluções inspiradas na experiência doutrinária e jurisprudencial brasileira, indo-se além dos conhecidos modelos das mais recentes codificações. Demonstração cabal de nosso cuidado em dotar o País de institutos reclamados pelo estado atual de nosso desenvolvimento está no fato de, ainda agora, já em terceira revisão do texto, acrescentarmos um conjunto de normas disciplinando "o contrato sobre documentos" de grande relevância sobretudo no comércio marítimo.
Por outro lado, firme consciência ética da realidade sócio-econômica norteia a revisão das regras gerais sobre a formação dos contratos e a garantia de sua execução equitativa, bem como as regras sobre resolução dos negócios jurídicos em virtude de onerosidade excessiva, às quais vários dispositivos expressamente se reportam, dando a medida do propósito de conferir aos contratos estrutura e finalidade sociais. É um dos tantos exemplos de atendimento da 'socialidade' do Direito.
Além disso, entendeu-se conveniente dar diversa configuração aos contratos aleatórios, nos quais não se prevê apenas a entrega de coisas futuras, mas toda e qualquer prestação que, por sua natureza ou convenção, possa importar risco, explicável em função da estrutura do negócio jurídico. O mesmo se diga quanto aos contratos preliminares ou os estipulados com pessoa a declarar. (...)" ALVES, José Carlos Moreira. **A Parte Geral do Projeto de Código Civil Brasileiro** (subsídios históricos para o Novo Código Civil Brasileiro). São Paulo: Saraiva, 2003, p. 17 e segs.

Art. 466. Se a promessa de contrato for unilateral, o credor, sob pena de ficar a mesma sem efeito, deverá manifestar-se no prazo nela previsto, ou, inexistindo este, no que lhe for razoavelmente assinado pelo devedor."

O legislador pátrio optou por impor que o contrato preliminar contenha os requisitos necessários para a celebração do contrato definitivo, não importando a sua forma e, também, não sendo necessária a presença dos requisitos ou elementos acidentais ou secundários, que podem ser incluídos futuramente, quando da elaboração do contrato definitivo.

Procurou o legislador pátrio, pois, aplicar a teoria da autonomia parcial[62] do contrato preliminar em nosso ordenamento, deixando no passado

---

[62] A **teoria da autonomia parcial** tem por base o entendimento de que o contrato preliminar se perfaz com a concordância, apenas sobre os elementos essenciais dele, a menos que as partes se reservem a definição dos elementos acidentais para tratativas posteriores. Assim, o contrato preliminar será considerado válido se contiver os elementos mínimos, que, por sua vez, vão depender do objeto do contrato definitivo. WALMOR FRANKE adota esta segunda teoria e ensina que "para que seja suscetível de aceitação, a proposta de pré-contrato deve conter, pelo menos, as cláusulas essenciais do contrato que se pretendem concluir futuramente. (...) seria nulo um contrato preliminar de sociedade em que não ficasse precisado o importe da quota com que cada um dos contratantes entraria para a formação do capital social; ou uma proposta de locação predial em que as partes não houvessem fixado o valor do aluguel; ou uma promessa de compra e venda em que não ficassem determinados a coisa e o preço". FRANKE, Walmor. **Notas Sobre Pré-Contrato**. Revista Jurídica, Porto Alegre, v.9, n.49, 1961, p. 50. FABIO KONDER COMPARATO, por sua vez, considera que é exatamente a falta de precisão sobre todos os elementos do contrato definitivo que levam as partes a celebrar o contrato preliminar. Segundo ele, se as partes quisessem celebrar um contrato definitivo poderiam tê-lo feito, recorrendo-se à estipulação da condição suspensiva ou do termo inicial. Ressalta, ainda, que no contrato preliminar as partes fixam indicações suficientes sobre os elementos essenciais do contrato definitivo, deixando os pontos secundários para serem definidos posteriormente. COMPARATO, Fabio Konder. **Reflexões Sobre as Promessas de Cessão do Controle Acionário**. Revista Forense. No. 266, 1979. PAULO LACERDA acompanha essa teoria, que foi a escolhida pelo legislador brasileiro quando da elaboração do Código Civil de 2002, ao exigir que estejam presentes todos os elementos essenciais, sem a exigência dos elementos secundários. LACERDA, Paulo. ESPINOLA, Eduardo. **Manual do Código Civil Brasileiro – Dos Fatos Jurídicos**. Vol. III, parte I. Rio de Janeiro: Jacinto Ribeiro dos Santos, 1923, p. 64-65.

as divergências doutrinárias sobre a aplicação das teorias da vinculação integral[63] e da autonomia integral[64].

Alguns pontos devem ser aplaudidos e mantidos, outros analisados com cautela, para que novas alterações possam ser efetuadas com o objetivo constante de aperfeiçoar e atualizar a legislação nacional. É indubitável, no entanto, a evolução do contrato preliminar no direito brasileiro e sua relevância nos negócios em geral, especialmente naqueles considerados complexos.

---

[63] A **teoria da vinculação integral** tem por base que o contrato preliminar somente se aperfeiçoa quando as partes estão de acordo com todos os termos do contrato definitivo, sem qualquer distinção entre os elementos essenciais e acidentais do contrato preliminar e do contrato definitivo. J.X. CARVALHO DE MENDONÇA, ao defender essa corrente, entende que "o contrato preliminar deve contar exatamente as cláusulas do contrato futuro, a cuja formação tende, para que na ocasião de ser aperfeiçoada a conclusão deste último, não surjam dificuldades e dúvidas". MENDONÇA, J.X. Carvalho. **Tratado de Direito Comercial Brasileiro**, 5ª edição, vol. VI. São Paulo: Freitas Bastos, 1955, p. 459. FRANCESCO MESSINEO também defende essa teoria, ressaltando basicamente que existe um perfeito paralelismo de tipo entre o contrato preliminar e o definitivo, entendendo ser necessário que no primeiro já venham determinadas as cláusulas substanciais do negócio a ser concluído. MESSINEO, Francesco. **Doutrina Generale del Contrato,** Terza edizione ampliata. Milano: Giuffrè, 1948, p. 204. Essa teoria é também amplamente difundida e defendida pelo direito alemão, conforme se pode notar por meio dos artigos 154 e 155 do BGB.

[64] A **teoria da autonomia integral**, por sua vez, defende que o contrato preliminar é considerado celebrado desde que presentes os elementos essenciais, ainda que as partes tenham reservado a discussão dos pontos secundários para um momento posterior, já que esses elementos podem ser supridos se considerada a natureza do negócio. ALCIDES TOMASETTI JUNIOR considera haver autonomia entre o contrato preliminar e o contrato definitivo e admite a possibilidade de indeterminação de alguns dos elementos constitutivos do cerne das declarações negociais. TOMAZETTI JR., Alcides. **Execução do Contrato Preliminar**, cit., p. 14 a 18. SÉRGIO DE GODOY BUENO considera que: "Como o contrato preliminar tem por objeto a realização de um contrato futuro, as partes devem esclarecer com precisão qual será o contrato que será realizado. O conteúdo do contrato definitivo deve ser determinado com clareza ou devem ficar previstos os elementos essenciais, que possam, pelo menos, tornar o seu objeto determinável. (...) É recomendável que no contrato preliminar se determine o prazo para a celebração do contrato futuro, a fim de que se evite que isto se faça judicialmente, em caso de inadimplência de uma das partes". BUENO, Sérgio de Godoy. **Contrato Preliminar**. RDM, v. 19, no. 37, 1980.

2. Aspectos relevantes do contrato preliminar

2.1. Conceito

A conceituação de uma figura jurídica é sempre tarefa difícil e poucas vezes exata e definitiva, haja vista a possibilidade de haver divergências quanto ao sentido aplicado e, também, quanto aos limites de significado de cada palavra.

Nada obstante os riscos envolvidos em conceituar uma figura complexa como o contrato preliminar, pode-se considerar, de maneira geral, que o contrato preliminar é aquele que tem como obrigação precípua a conclusão ou a celebração futura de outro contrato, o contrato definitivo, seguindo-se a conceituação de origem italiana, esposada por FRANCESCO MESSINEO.

> *"Come nozione sommaria si può dare questa: il preliminare è un contratto tivolto alla stipulazione di un altro (futuro) contratto. Si chiama definitivo Il contratto, a cui Il contrato preliminare serve di preparazione (funzione preparatória del preliminare)."*[65]

Em Portugal, ABEL DELGADO[66] conceituou o contrato preliminar da seguinte forma:

---

[65] "Como noção inicial podemos delimitar: o contrato preliminar ou pré-contrato é o contrato submetido às disposições de outro contrato (contrato futuro). Se chama definitivo o contrato ao qual o contrato preliminar serviu como base / preparação/ fez referência (função preparatória do contrato preliminar" – tradução livre do autor). MESSINEO, Francesco. *Dottrina Generale del Contratto*, cit., p. 199.

[66] DELGADO, Abel. **Do Contrato-Promessa**, cit., p. 14.

"Os contraentes (ambos ou um só) obrigam-se assim a celebrar, oportunamente, o contrato que, de momento, não podem ou não querem celebrar. Não se trata, porém, de uma proposta, nem tão-pouco de um vago projecto; trata-se, antes, de um contrato, sim, de um contrato que cria a obrigação de contratar ou, mais concretamente, a obrigação de emitir a declaração de vontade correspondente ao contrato prometido."

A doutrina nacional seguiu a tendência internacional e conceituou o contrato preliminar da mesma forma, como se pode notar por meio da conceituação de ORLANDO GOMES[67]: "a convenção pela qual as partes criam em favor de uma delas, ou de cada qual, a faculdade de exigir a imediata eficácia de contrato que projetaram." FABIO ULHOA COELHO[68], por sua vez, considera que:

"O contrato preliminar é aquele cujo objeto consiste na celebração de outro contrato (o definitivo). (...) Lança-se mão do contrato preliminar quando é consenso das partes que, por qualquer razão, não se justifica celebrar o definitivo no momento em que concluem as negociações."

A conceituação do contrato preliminar serve para demonstrar que ele é parte de um processo de formação do contrato definitivo, haja vista que as partes, uma vez que já expressaram seus respectivos interesses em celebrar o contrato no futuro, evidenciam que, por qualquer impossibilidade momentânea, não têm condições de celebrar o contrato definitivo.

A fim de garantir o negócio e as condições pré-ajustadas, as partes aceitam firmar um pacto preparatório, que tem por objeto direto a realização futura do contrato definitivo, enquanto que o objeto indireto seria o próprio objeto do contrato definitivo (ainda inexistente).

2.2. Natureza Jurídica

O contrato preliminar, ainda quando se apresenta como promessa unilateral, tem a natureza jurídica dos contratos em geral, ou seja, trata-se de negócio jurídico e, como tal, deve conter todos os elementos de existência,

---

[67] GOMES, Orlando. **Contratos.** 26ª ed. Rio de Janeiro: Forense, 2008, p. 160.
[68] COELHO. Fabio Ulhoa. **Curso de Direito Civil.** Vol. 3, 2ª ed. São Paulo: Saraiva, 2007, p. 87.

validade e eficácia estabelecidos em lei, além dos requisitos e elementos considerados acessórios para a sua efetivação prática. GALVÃO TELLES[69] prevê que:

> "O contrato-promessa é um acordo preliminar que tem por objecto uma convenção futura, o contrato prometido. Mas em si é uma convenção completa, que se distingue do contrato subsequente. Reveste a natureza de contrato obrigacional, ainda que diversa seja a índole do contrato definitivo. Gera uma obrigação de prestação de facto, que tem apenas de particular consistir na emissão de uma declaração negocial. Trata-se de um *pactum de contrahendo*."

No mesmo sentido é o entendimento de ABEL DELGADO[70]: "estamos, assim, perante uma obrigação que tem por objecto uma prestação de facto positivo, um '*facere*'."

Para LEONARDO COVIELLO[71], "trata-se de um negócio de segurança, destinado a conferir garantias às partes quanto à relação substancial em vista". WANDERLEY FERNANDES e JONATHAN MENDES OLIVEI-RA[72], ao analisarem o contrato preliminar, consideraram que essa figura reveste-se da característica de um "contrato de segurança".

ORLANDO GOMES[73], ao analisar a natureza jurídica do contrato preliminar, apresenta duas teorias: a primeira, aquela que considera que o contrato preliminar "tem por fim obrigar as partes a celebrar outro contrato"; e a segunda, aquela que considera que o contrato preliminar "é o acordo de vontades que subordina a conclusão do contrato definitivo à condição meramente potestativa".

A primeira teoria é, sem dúvida, a teoria mais difundida pelas doutrinas nacional e estrangeira, até mesmo porque tem por foco vincular as partes já na fase pré-contratual e, com isso, conferir segurança à relação negocial.

Essa primeira teoria, no entanto, tem como principal crítica a aplicação do princípio *nemo praecise ad factum cogi potest* (ninguém pode precisamente

---

[69] TELLES, Inocêncio Galvão. **Direito das Obrigações**. 3ª ed. Coimbra, p. 76.

[70] DELGADO, Abel. **Do Contrato-Promessa**, cit., p. 14.

[71] COVIELLO, Leonardo. ***Contrato Preliminare***, cit., p. 68.

[72] FERNANDES, Wanderley; OLIVEIRA, Jonathan Mendes. **Contrato Preliminar: Segurança de Contratar**. In Contratos Empresariais – Fundamentos e Princípios dos Contratos Empresariais. São Paulo: Saraiva, 2007, p. 277.

[73] GOMES, Orlando. **Contratos**, cit., p. 160.

ser coagido a fazer alguma coisa)[74], o que inviabilizaria a aplicação de tal teoria, haja vista que não seria possível impor às partes a obrigação de contratar. Essa imposição configuraria uma contradição entre a imposição de uma obrigação de fazer (contratar no futuro) e, ao mesmo tempo, não se poder forçar alguém a fazer alguma coisa.

Essa crítica tem perdido força recentemente, com base no entendimento de que a obrigação de fazer pode ser executada sempre que não implicar violência física ou perda de liberdade. Para SILVIO RODRIGUES[75], pelo menos um tipo de obrigação de fazer é passível de execução forçada: "a de prestar declaração de vontade".

Outra crítica à primeira teoria diz respeito à inutilidade do contrato preliminar, ao se exigir um segundo contrato. Essa crítica tem por base o entendimento já considerado ultrapassado no Brasil, mas que ainda é aplicado, especialmente na Alemanha (conforme mencionado anteriormente). A prática tem demonstrado que essa crítica não se sustenta, tendo em vista que o contrato preliminar vem sendo extremamente útil para as partes que, na impossibilidade de celebrar o contrato definitivo (por qualquer que seja o motivo), garantem o negócio, ainda que seja necessário complementar o contrato preliminar, mediante a elaboração e consolidação dos entendimentos, por meio de um contrato definitivo.

Com relação à segunda teoria acima mencionada, a condicionante de que a execução futura do contrato estaria subordinada exclusivamente à vontade das partes também recebe críticas por considerarem que há evidente incongruência entre a manifestação esposada no contrato preliminar (intenção de contratar no futuro) e o não cumprimento dessa estipulação no futuro. Embora existam entendimentos no sentido de que a aplicação da condição potestativa tornaria o contrato nulo, a tendência atual é no sentido de que quando o contrato preliminar é celebrado, não há que se falar em condição potestativa (*si volet*) por parte dos contratantes, ou seja,

---

[74] NADER, Paulo. **Curso de Direito Civil**, cit., p. 159.

[75] "(...) encontra-se na vida dos negócios um tipo de obrigação de fazer, cuja execução em espécie não envolve qualquer constrangimento à liberdade do devedor. É a obrigação de prestar declaração de vontade. Ela se apresenta quando, através de um contrato preliminar, o devedor promete ao credor outorgar-lhe um contrato definitivo. Aqui se encontra uma obrigação de fazer, cujo conteúdo é prestar uma declaração de vontade.". RODRIGUES, Silvio. **Direito Civil. Parte Geral das Obrigações**. 23ª edição, v.2. São Paulo: Saraiva, 1995, p. 41.

não há condicionamento que coloque em risco a vontade esposada por meio do contrato preliminar.[76]

De forma geral, o contrato preliminar tem sua natureza definida como sendo um "negócio jurídico bilateral que tem como principal efeito jurídico estabelecer a obrigação de se celebrar um contrato futuro e definitivo"[77]. Trata-se, pois, de um negócio jurídico que tem função especial durante o processo de formação do contrato, qual seja, vincular as partes com relação aos pontos já negociados e previamente definidos, conferindo maior segurança jurídica para os negócios em que não foi possível (ou não se quis) celebrar diretamente o contrato definitivo.[78]

Assim, a despeito das longas discussões que se travaram sobre o tema, a tendência atual é de se reconhecer o contrato preliminar como uma declaração de vontade que obriga a contratar, até mesmo porque, depois do advento do Código Civil de 2002, o artigo 464 confere ao juiz a possibilidade de suprir a declaração de vontade da parte que deixa de executar o contrato preliminar sem cláusula de arrependimento[79]. O juiz, em verdade, "não se substitui à parte na conclusão do contrato; determina, apenas, a execução específica do pré-contrato".[80]

2.3. Modalidades de contratos preliminares

O contrato preliminar pode ser unilateral ou bilateral[81]. Na categoria unilateral, a faculdade de exigir o cumprimento reserva-se exclusivamente a uma das partes. Nesse tipo de contrato devem ser incluídos os contratos preliminares, em que os contratantes convencionam que um deles, no futuro, terá preferência para a celebração de certo contrato definitivo. O exemplo mais tradicional desse tipo de contrato preliminar diz respeito

---

[76] CASTRO, Frederico. *El Negocio Jurídico,* p. 45. *apud,* GOMES, Orlando. **Contratos**, cit., p. 161-162.

[77] NADER, Paulo. **Curso de Direito Civil**, cit., p. 159.

[78] TEIXEIRA, Tarcisio. **Contrato Preliminar Empresarial.** Revista da Faculdade de Direito – USP, v. 101, São Paulo, 2006, p. 699-743.

[79] GOMES, Orlando. **Contratos**, cit., p. 161.

[80] GOMES, Orlando. **Contratos**, cit., p. 162.

[81] PEREIRA, Caio Mario da Silva. **Instituições de Direito Civil – Contratos**, cit., p. 84.

ao direito de preferência e, também, à opção de compra ou de venda de determinado bem.

Com relação ao direito de preferência, é possível que seja inserida uma cláusula acessória de preferência em um contrato de compra e venda, que atribui ao vendedor do bem o direito de preferência para readquirir o mesmo bem se, dentro de certo prazo, o comprador decidir aliená-lo. Essa cláusula de preferência tem natureza de contrato preliminar unilateral, porque se o comprador do bem, no futuro, quiser aliená-lo, deverá respeitar o direito de preferência reservado à pessoa que lhe vendeu o bem e que poderá, então, readquirir o mesmo bem em igualdade de condições com terceiros.

Tem-se também essa situação em certos contratos de prestação de serviços, nos quais se insere cláusula prevendo que uma das partes (quer seja o locador dos serviços, quer o locatário deles) tem preferência para contratar, no futuro, outros serviços previstos no contrato preliminar.

A unilateralidade do contrato preliminar decorre da possibilidade de que apenas uma parte que celebrou o contrato preliminar poderá expressar sua vontade para que o contrato definitivo seja formado. É certo que todos os contratos exigem ao menos duas declarações de vontade para serem formados, no entanto, no contrato preliminar unilateral, uma das partes já expressa, no próprio contrato preliminar, sua vontade em declarar, no futuro, sua vontade de celebrar o contrato definitivo, sendo, pois, desnecessária uma nova manifestação sua. A vinculação já se deu no momento da celebração do contrato preliminar. Nesse sentido, confira-se entendimento de PAULO NADER[82]:

> "A definição de contrato preliminar nos fornece os elementos constitutivos da promessa. Depreende-se, de plano, que se pode ser unilateral ou bilateral. Opera-se o primeiro quando apenas uma das partes promete, enquanto bilateral ambas se obrigam à celebração de contrato definitivo. Este pode ser definido como aquele a que o preliminar serve de base ou preparativo.
>
> Frise-se que, ainda na promessa unilateral, a categoria jurídica é a de contrato, pois promitente e promissário emitem declaração de vontade, embora apenas o primeiro se obrigue. A promessa possui caráter irrevogável, embora possa haver cláusula de arrependimento."

---

[82] NADER, Paulo. **Curso de Direito Civil**, cit., p. 157.

ORLANDO GOMES[83], por sua vez, considera que a promessa de contrato pode ser unilateral ou bilateral, destacando que a "circunstância de criar uma obrigação ex uno latere não lhe tira a natureza contratual". No mesmo sentido é o entendimento de MARISTELA BASSO[84]: "[o] caráter ex uno latere não lhe tira a natureza contratual, já que se tornará perfeita somente com o acordo de vontades".

Tem-se, pois, que o contrato definitivo somente se formará quando houver a declaração de vontade do outro contratante, no futuro. Logo, o contrato preliminar é regularmente celebrado e contém as vontades de todos os contratantes, mas o seu objeto – o contrato definitivo – somente se formará quando o outro contratante (do contrato preliminar) vier a declarar sua vontade de celebrá-lo, cumprindo, assim, sua obrigação de fazer contraída no contrato preparatório.

É mister notar, no entanto, que alguns autores, como SÍLVIO DE SALVO VENOSA[85], consideram que a promessa unilateral não poderia ser considerada uma modalidade de contrato preliminar, como se verifica abaixo:

> "O art. 466 não se refere propriamente ao contrato preliminar, mas à promessa unilateral de contratar: (...)
>
> Como é lógico, quem promete dar, fazer ou não fazer algo não pode ficar indefinidamente vinculado. Se não houve prazo na promessa, cujo decurso por si só desobriga o promitente, deve este conceder um prazo para que o interessado se manifeste. Em várias situações práticas a promessa unilateral é utilizada, como, por exemplo, na opção que se dá a um credor, para alienar determinado bem."

Já no contrato preliminar bilateral, cada parte pode exigir da outra a execução do contrato que projetaram, em toda a sua extensão e em seus efeitos[86]. A promessa de venda é o exemplo mais habitual de tal espécie de avença, pois nela tanto o promitente vendedor, quanto o promitente

---

[83] GOMES, Orlando. **Contratos**, cit., p. 163.

[84] BASSO, Maristela. **Contratos Internacionais do Comércio: Negociação, Conclusão, Prática**. 2ª ed. Porto Alegre: Livraria do Advogado Editora, 1998, p. 268.

[85] VENOSA, Sílvio de Salvo. **Direito Civil. Teoria Geral das Obrigações e Teoria Geral dos Contratos**, cit., p. 457.

[86] GAGLIANO, Pablo Stolze; PAMPLONA FILHO, Rodolfo. **Novo Curso de Direito Civil.** 3ª edição, vol. IV – contratos, tomo I – teoria geral. São Paulo: Saraiva, 2007, p. 145.

comprador podem exigir a realização do negócio jurídico prometido, a saber, a venda do bem.

Para FERNANDO DE GRAVATO MORAIS[87], o contrato preliminar é considerado bilateral quando "ambas as partes se vinculam à conclusão do contrato prometido". Para ARAKEN DE ASSIS[88], "(...) há os pré-contratos bilaterais, em que ambos os figurantes se obrigam a celebrar o contrato definitivo (...) Por exemplo: a promessa de mútuo pode ser bilateral (pactum de mutuo dando et accipendo)".

Nos contratos preliminares bilaterais, vislumbra-se uma nova classificação (ou uma subclassificação) quanto à retratabilidade, tendo em vista que saber se há possibilidade de retratação é de extrema relevância para a eficácia do contrato preliminar. Até mesmo porque, caso haja a possibilidade do arrependimento (ou retratação), não será possível executar a obrigação de fazer, ou seja, a obrigação de celebrar um contrato futuro, sob pena de haver posterior retratação. Portanto, a execução forçada será inócua. Em havendo a possibilidade de arrependimento, a única alternativa para o inadimplemento será o perfazimento em perdas e danos[89].

Confira-se exemplo fornecido por LUÍS MANUEL TELES DE MENEZES LEITÃO[90], sobre o contrato preliminar bilateral: "Como exemplo de contrato-promessa bilateral, teríamos o caso de alguém prometer vender a outrem determinado imóvel por certo preço e esse outrem, simultaneamente, se comprometer a comprar-lho."

Tem-se, pois, que o contrato preliminar bilateral consiste na assunção bilateral da obrigação de contratar. Com isso, uma ou outra parte pode exigir o cumprimento da obrigação de fazer e das demais obrigações assumidas no contrato.

Além dos contratos bilaterais e unilaterais, a doutrina também classifica outras modalidades de contratos preliminares, entre eles: a promessa de

---

[87] MORAIS, Fernando de Gravato. **Contrato-Promessa em Geral – Contrato-Promessa em Especial.** Coimbra: Almedina, 2009, p. 40.

[88] ASSIS, Araken (Coordenadores: ALVIM, Arruda e ALVIM, Thereza). **Comentários ao Código Civil Brasileiro**, cit., p. 430.

[89] GAGLIANO, Pablo Stolze; PAMPLONA FILHO, Rodolfo. **Novo Curso de Direito Civil**, cit., p. 146.

[90] LEITÃO, Luís Manuel Teles de Menezes. **Direito das Obrigações**, cit., p. 221.

doação (que também será objeto deste estudo), a promessa de sociedade, a promessa de cessão de controle societário, a promessa de trabalho[91].

A despeito da classificação doutrinária efetuada, que possui algumas distinções, considerar-se-á para fins deste estudo apenas dois grandes grupos: as promessas unilaterais e as promessas bilaterais (ou contratos preliminares unilaterais e bilaterais).

2.4. Os planos de existência, validade e eficácia do negócio jurídico e a aplicação ao contrato preliminar

2.4.1. Plano da Existência

Antes de se falar em negócio jurídico válido ou eficaz, deve-se avaliar o negócio jurídico sob o plano de sua existência[92], especialmente sob o ponto de vista jurídico, haja vista que um ato ou negócio pode existir no mundo dos fatos e não existir no mundo do direito, por faltar qualquer dos elementos essenciais para a sua existência legal.

No plano da existência do negócio jurídico, merecem destaques os três elementos apresentados por ANTONIO JUNQUEIRA DE AZEVEDO[93], quais sejam: (i) *os elementos gerais*, (ii) *os elementos categoriais e* (iii) *os elementos particulares*.

Os *elementos gerais*, que são extremamente essenciais para a existência do negócio jurídico, subdividem-se em *extrínsecos* e *intrínsecos*. Os elementos *extrínsecos* são: (a) a forma; (b) o objeto e (c) as circunstâncias negociais. Os elementos *intrínsecos* são: (a) o agente; (b) o lugar e (c) o tempo.

---

[91] BASSO, Maristela. **Contratos Internacionais do Comércio: Negociação, Conclusão, Prática**, cit., p. 268.

[92] "Existir e valer. – Para que algo valha é preciso que exista. Não tem sentido falar-se de validade ou de invalidade a respeito do que não existe. A questão da existência é questão prévia. Sòmente depois de se afirmar que existe é possível pensar-se em validade ou em invalidade. (...) Tão-pouco, a respeito do que não existe: se não houve ato jurídico, nada há que possa ser válido ou inválido. Os conceitos de validade ou de invalidade só se referem a atos jurídicos, isto é, a atos humanos que entraram (plano da existência) no mundo jurídico e se tornaram, assim, atos jurídicos." In MIRANDA, Pontes de. **Tratado de Direito Privado**. Parte Geral, Tomo IV, 4ª edição, São Paulo: Revista dos Tribunais, 1983, p. 6 e 7.

[93] AZEVEDO, Antonio Junqueira de. **Negócio Jurídico: Existência, Validade e Eficácia**. São Paulo: Saraiva, 2002, p. 26-40.

Sem o tempo ou o lugar, não há fato jurídico; sem o agente, pode até haver fato jurídico, mas não há ato jurídico; sem forma, objeto ou circunstâncias negociais, pode haver fato ou ato jurídico, mas, certamente, não há negócio jurídico[94].

Os *elementos categoriais* também seriam indispensáveis para a definição do regime jurídico aplicável ao negócio jurídico, havendo duas graduações desses *elementos categoriais*: (i) os *essenciais* e (ii) os *naturais*. Os *essenciais* não podem ser afastados pelas partes de forma alguma, por constituírem elementos basilares do negócio jurídico, enquanto que os *naturais* podem ser afastados pelas partes, por serem derrogáveis.

Há, ainda, a necessidade da presença dos elementos voluntários – declaração de vontade das partes – para a existência do negócio jurídico. Diante da análise dos requisitos atinentes ao plano da existência do negócio jurídico, constata-se que o plano fático difere do plano jurídico e, por isso, a ausência de forma, de objeto ou mesmo de manifestação de vontade das partes faz por configurar a inexistência legal do negócio jurídico, ainda que este exista no plano fático. Nesse sentido, confira-se entendimento de PONTES DE MIRANDA[95]:

> "O conceito de negócio jurídico inexistente ou de ato jurídico strito sensu inexistente é metajurídico; não é mais do que o enunciado da não-juridicização do ato. Estão-se a contemplar dois mundos, o dos fatos e o jurídico. Não existir, estando no mundo jurídico, seria absurdo; não se pode raciocinar, em qualquer ciência, sem se respeitar o que é lógico, o que é matemático e o que é físico. A categoria do inexistente é ineliminável, porque o mundo jurídico não abrange todo o mundo factico, nem se identifica com êle; a categoria do nulo existe, porque se teve de classificar e nomear o que é o mínimo tolerado dentro do mundo jurídico, embora para ser apontado como extremamente viciado, deficiente. Não se pode dizer que o conceito de inexistente seja inútil ao jurista: é de interêsse do nadador saber onde acaba a piscina. (...)"

Posto isso, no âmbito do contrato preliminar, a sua existência jurídica passa a ser considerada no momento em que estão definidas basicamente: (i) a existência das partes envolvidas na negociação contratual; (ii) a

---

[94] AZEVEDO, Antonio Junqueira de. **Negócio Jurídico: Existência, Validade e Eficácia**, cit., p. 26-40.

[95] MIRANDA, Pontes de. **Tratado de Direito Privado.** Parte Geral, Tomo IV, 4ª edição, São Paulo: Revista dos Tribunais, 1983, p. 19-20.

existência de elementos que estejam em consonância com o ordenamento jurídico vigente e, *inter alia*, (iii) a declaração de vontade em celebrar um contrato definitivo futuro.

2.4.2. Plano da Validade

Uma vez existente o negócio jurídico, deve-se analisar a validade ou invalidade do negócio jurídico entre as partes e, até mesmo, perante terceiros. O artigo 104 do Código Civil estabelece os requisitos de validade do negócio jurídico, quais sejam: (a) a capacidade (requisito subjetivo); (b) licitude; (c) possibilidade e determinação do objeto (requisito objetivo); e (d) adequação da forma (requisito formal).

MARCOS BERNARDES DE MELLO[96], ao tratar da validade dos negócios jurídicos, ressalta que:

> "(...) diz-se válido o ato jurídico cujo suporte fático é perfeito, isto é, os seus elementos nucleares não têm qualquer deficiência invalidante, não há falta de qualquer elemento complementar. Validade, no que concerne a ato jurídico, é sinônimo de perfeição, pois significa a sua plena consonância com o ordenamento jurídico."

A validade impõe a compatibilidade do negócio jurídico com o ordenamento em que está inserido, recebendo uma qualificação jurídica específica, com autorização para ser usado pelos sujeitos de direito. Nesse sentido, ANTONIO JUNQUEIRA DE AZEVEDO prevê que: "A validade é (...) a qualidade que o negócio deve ter ao entrar no mundo jurídico, consistente em estar de acordo com as regras jurídicas ('ser regular').[97]".

Para que o negócio jurídico seja plenamente válido, devem estar presentes os requisitos legais estabelecidos no artigo 104 do Código Civil, o qual prevê um rol de requisitos meramente exemplificativo, não abarcando todas as situações em que um negócio jurídico possa ser considerado inválido.

No que diz respeito especificamente à validade do contrato preliminar, é mister notar que devem estar presentes os requisitos previstos no

---

[96] MELLO, Marcos Bernardes de. **Teoria do Fato Jurídico: Plano da Validade.** 7ª ed., São Paulo: Saraiva, 2006, p. 4.

[97] AZEVEDO, Antonio Junqueira de. **Negócio Jurídico: Existência, Validade e Eficácia**, cit., p. 42.

artigo 104 do Código Civil, exceto quanto à forma, nos termos expressos do artigo 462 do Código Civil. Deve-se atentar, todavia, para a presença dos requisitos essenciais ao tipo de contrato a ser celebrado no futuro.[98] Adiante serão apresentados, com maiores detalhes, os requisitos essenciais e secundários relacionados à validade do contrato preliminar.

2.4.3. Plano da Eficácia

O último dos planos a ser considerado, quando da análise do negócio jurídico, é o da eficácia jurídica, especialmente a eficácia dos efeitos decorrentes dos atos e negócios jurídicos existentes e válidos.

Note-se, por oportuno, que há a possibilidade de atos nulos ou anuláveis gerarem efeitos e, por consequência, serem eficazes, mas essas são situações excepcionais[99]. Um exemplo tradicionalmente citado pelos doutrinadores estrangeiros e repetido pelos brasileiros, por ser emblemático, é o caso do casamento putativo, que embora seja um negócio nulo, gera efeitos jurídicos (efeitos do nulo) e tem "eficácia civil" em relação ao cônjuge de boa-fé. Outro exemplo tradicional de eficácia do nulo é a caducidade do legado, quando o testador, depois de ter feito a deixa testamentária, pratica ato nulo de disposição sobre o bem legado[100].

Cabe notar que neste plano impõe-se a interpretação sob três aspectos básicos: (i) *fatores de atribuição de eficácia em geral*, (ii) *fatores de atribuição da eficácia diretamente visada* e (iii) *fatores de atribuição de eficácia mais extensa*[101].

---

[98] "Na linha consensualista, o Código Civil é enfático na defesa do princípio da liberdade de forma para os contratos preliminares. Em outras palavras, dotado dos requisitos de validade a que alude o art. 104 do Código Civil (agente capaz, objeto lícito e possível), é negócio jurídico perfeito e independente da relação principal que procura garantir. Essa liberdade de fundamentos e efeitos justifica a liberdade de contratar sem a exigência de forma pública, independentemente do valor das obrigações ajustadas para o futuro, mesmo em sede de compra e venda (art. 108 do CC). In ROSENVALD, Nelson. **Código Civil Comentado.** Coord. Min. Cezar Peluso. São Paulo:, Manole, 2007, p. 355.

[99] "De regra, os atos jurídicos nulos são ineficazes; mas, ainda aí, pode a lei dar efeitos ao nulo." In MIRANDA, Pontes de. **Tratado de Direito Privado.** Parte Geral, Tomo IV, 4ª edição, São Paulo: Revista dos Tribunais, 1983, p. 7.

[100] AZEVEDO, Antonio Junqueira de. **Negócio Jurídico: Existência, Validade e Eficácia**, cit.,p. 50.

[101] AZEVEDO, Antonio Junqueira de. **Negócio Jurídico: Existência, Validade e Eficácia**, cit., p. 57.

Os *fatores de atribuição de eficácia em geral* são de tal importância que, sem eles, o negócio jurídico não produz efeito nenhum. É o caso da cláusula suspensiva.

Os *fatores de atribuição da eficácia diretamente visada* servem para que um negócio, já de algum modo eficaz entre as partes, venha a produzir os efeitos visados. Situação exemplificativa é o negócio realizado entre mandatário sem poderes e terceiro. Não há dúvidas de que a celebração do negócio produz efeitos entre eles, mas não o efeito principal (diretamente visado), qual seja envolver o mandante.

Por último, os *fatores de atribuição de eficácia mais extensa* servem para que um negócio que já tenha plena eficácia entre as partes venha a ser oponível a terceiros, ou mesmo, tornar-se *erga omnes*. Exemplo característico é a cessão de crédito notificada ao devedor e registrada.

A análise da eficácia do negócio jurídico e, mais especificamente, do contrato preliminar é o enfoque principal do presente estudo e será posteriormente aprofundado para que seja possível avaliar a eficácia real do contrato preliminar nas relações negociais consideradas complexas, destacando-se as diferentes consequências jurídicas relacionadas a contratos preliminares com graus de obrigatoriedade diversos, levando-se em consideração situações jurídicas específicas.

Assim, seguindo-se a lógica jurídica, com base em uma sequência analítica do negócio jurídico e também do contrato preliminar, tem-se que o plano da eficácia é o último a ser considerado para que se comprove que o negócio jurídico gera reais consequências práticas. Posto isso, para que se tenha um negócio jurídico completo, devem ser analisados os três planos acima apresentados.

2.5. Requisitos para constituição do contrato preliminar

2.5.1. Requisitos essenciais tradicionais

Por influência alienígena e também da jurisprudência pátria[102] anterior à vigência do Código Civil atual, os artigos 462 a 466 do Código Civil

---

[102] "Compromisso de compra e venda – representação por simples recibo – caracterização de contrato preliminar se as partes acordaram quanto à coisa e ao preço – insubsistência da alegação de tratar-se de tratativas preliminares (STJ) RT 763/171."

passaram a disciplinar expressamente a figura do contrato preliminar, determinando que, para sua caracterização, deve-se conter, com exceção da forma, os requisitos essenciais do contrato a ser celebrado[103].

ARAKEN DE ASSIS, em obra coordenada por ARRUDA ALVIM e THEREZA ALVIM, ao analisar o artigo 462 do Código Civil, destaca a relevância de se definir com precisão quais são os "requisitos essenciais" a cada tipo de contrato, como se verifica abaixo:

> "Exceto quanto à forma, o art. 462 subordina o contrato preliminar aos 'requisitos essenciais' do contrato prometido. O princípio da vinculação, assim consagrado, há de ser entendido nos seus devidos termos.
>
> Saltam à vista as gravíssimas repercussões de uma má interpretação do texto. Se os figurantes já lograram um consenso cabal acerca dos elementos do contrato prometido, o negócio futuro se tornará, senão completamente inútil e repetitivo, de parca valia aos parceiros, esvaziando as tão nobres e prezadas funções do contrato preliminar no comércio jurídico. Em contrapartida, uma indeterminação geral impedirá ou, no mínimo, dificultará o alcance do provimento judicial que acolher a pretensão ao contrato definitivo prevista no art. 463, caput.
>
> O primeiro passo para buscar uma solução satisfatória para o problema, e a interpretação funcionalmente correta do art. 462, consiste em definir, precisamente, quais sejam os 'requisitos essenciais' exigidos pela regra."

Conforme mencionado anteriormente, o contrato preliminar deve ser considerado como um contrato efetivo, cujo fim é a celebração de um contrato futuro. O contrato preliminar não é apenas mais um documento preparatório e objeto de meras negociações preliminares. O contrato preliminar, atualmente, tem o condão de vincular as partes e, por isso, deve conter os requisitos essenciais para a formação de um contrato, a saber: (a) capacidade das partes contratantes; (b) possibilidade física e jurídica do objeto do contrato; e (c) forma correta das declarações de vontade.

"Compromisso de compra e venda – simples recibo de sinal de reserva – contrato preliminar não caracterizado – falta de requisitos legais – cominatória pretendendo execução específica compulsória – inadmissibilidade – recurso extraordinário provido – inteligência do art. 639 do CPC – aplicação das Súmulas 167 e 413 (STF) RT 598/245."

[103] ASSIS, Araken de (Coordenadores: ALVIM, Arruda e ALVIM, Thereza). **Comentários ao Código Civil Brasileiro**, cit., p. 434.

O artigo 462 do Código Civil estabelece que somente é possível a celebração do contrato preliminar quando presentes todas as "condições essenciais" para a assinatura de um contrato definitivo, notadamente: (a) o *animus* (vontade de contratar); (b) as partes capazes; e (c) o objeto lícito e condizente com o contrato definitivo. Quanto à forma, a legislação não impõe restrições, mas na prática, caso o contrato definitivo tenha forma prescrita em lei, o contrato preliminar deve segui-la para que tenha validade efetiva entre as partes e também perante terceiros, quando for o caso.

O emprego da expressão "requisitos essenciais", pois, é fundamental para a caracterização do contrato preliminar. Assim, tem-se que os requisitos básicos do contrato preliminar podem ser divididos da seguinte forma: (a) requisitos essenciais (*essentialia negotii*); (b) requisitos naturais (*naturalia negotii*); e (c) requisitos acidentais (*accidentalia negotii*).

Os requisitos essenciais (*essentialia negotii*) são exigidos pela própria substância do ato: a manifestação de vontade através do agente capaz, objeto lícito (possível, determinado ou determinável) e a forma, que deve ser obedecida, caso seja prescrita em lei para o contrato definitivo. A ausência de qualquer dos requisitos essenciais impede a realização do negócio.

Para CAIO MARIO DA SILVA PEREIRA[104], a classificação e divisão dos requisitos essenciais seria a seguinte: (a) requisitos subjetivos; (b) requisitos objetivos; e (c) requisitos formais.

Os requisitos subjetivos são aqueles relativos à capacidade das partes e ao consentimento, que são pressupostos materiais do contrato preliminar. Com relação ao consentimento, pode-se dividi-lo em três aspectos: (i) acordo sobre a existência e natureza do contrato; (ii) acordo sobre o objeto do contrato; e (iii) acordo sobre as cláusulas que o compõem.

Os requisitos objetivos são aqueles relativos à possibilidade, à licitude e à determinação. Com isso, tem-se que o objeto do contrato preliminar é possível, ou seja, suscetível de realização, lícito e, ainda, com objeto determinado ou ao menos determinável.

Com relação aos requisitos formais, a legislação brasileira não impõe qualquer restrição ou forma especial para que os contratos preliminares sejam considerados válidos (artigo 462 do Código Civil). O que se impõe, em alguns casos, é o registro do contrato preliminar perante o cartório

---

[104] PEREIRA, Caio Mario da Silva. **Instituições de Direito Civil – Contratos**, v.III, 12ª ed., Rio de Janeiro: Forense, 2006, p. 91-92.

competente (artigo 463 do Código Civil). Neste caso, o registro não constitui requisito de validade, mas apenas requisito de eficácia perante terceiros.

Os requisitos naturais (*naturalia negotii*) são aqueles efeitos peculiares ao próprio negócio em questão, ou seja, que decorrem naturalmente dele. Não exigem especial referência, pois derivam da própria natureza do ato, i.e., a necessidade de pagamento do preço no caso de contrato de compra e venda.

Já os requisitos acidentais (*accidentalia negotii*) dos contratos são aqueles que podem ou não fazer parte do negócio em questão, sendo utilizados pelas partes de forma a melhor amoldar o negócio, de acordo com as suas conveniências. A ausência dos requisitos acidentais não impede a realização do negócio.[105]

Apesar da relevância das diversas classificações e divisões dos requisitos do contrato preliminar, é mister ressaltar que o contrato preliminar, para ser considerado existente e válido, deve conter todos os requisitos essenciais (*essentialia negotii*) para a configuração do contrato definitivo, nos termos do artigo 462 do Código Civil. Assim, para ser válido o contrato preliminar, devem estar presentes os nomes das partes envolvidas, que estejam aptas a celebrar um negócio jurídico, o objeto deve ser lícito e possível.

Nesse sentido, confira-se comentário de NELSON ROSENVALD[106] sobre os requisitos necessários para a constituição do contrato preliminar:

> "Na linha consensualista, o Código Civil é enfático na defesa do princípio da liberdade de forma para os contratos preliminares. Em outras palavras, dotado dos requisitos de validade a que alude o art. 104 do Código Civil (agente capaz, objeto lícito e possível), é negócio jurídico perfeito e independente da relação principal que procura a exigência da forma pública, independentemente do valor das obrigações ajustadas para o futuro, mesmo em sede de compra e venda (art. 108 do CC)."

JONES FIGUEIREDO ALVES[107], por sua vez, ao comentar o referido artigo 462, prevê que:

---

[105] TEIXEIRA, Tarcisio. **Contrato Preliminar Empresarial**, cit., p. 699-743.
[106] ROSENVALD, Nelson. **Código Civil Comentado**, cit., p. 355.
[107] ALVES, Jones Figueiredo. **Código Civil Comentado**. Coords. Ricardo Fiúza e Regina Beatriz Tavares da Silva. 6ª ed., São Paulo: Saraiva, 2008, p. 418.

ASPECTOS RELEVANTES DO CONTRATO PRELIMINAR

> "Contrato preliminar ou *pacto de contrahendo* é aquele, segundo a teoria mais aceita, que, como convenção provisória, contendo os requisitos do art. 104 do NCC, e os elementos essenciais ao contrato (*res, pretium* e *consensum*), tem por objeto concretizar um contrato futuro e definitivo, assegurando pelo começo de ajuste a possibilidade de ultimá-lo no tempo oportuno. Os requisitos para a sua eficácia são os mesmos exigidos ao contrato definitivo, excetuada a forma."

Diante disso, faz-se necessária uma análise mais apurada dos requisitos essenciais de validade do contrato preliminar, para que, em seguida, sejam apresentados os requisitos considerados secundários, que também são relevantes e podem até mesmo influenciar na eficácia do contrato preliminar.

2.5.1.1. Capacidade do agente

O primeiro e essencial requisito do contrato preliminar diz respeito à capacidade das partes contratantes, haja vista que o contrato preliminar também exige que sejam apresentadas as declarações de vontades feitas por partes dotadas de capacidade genérica e, também, capacidade específica para a celebração do próprio contrato preliminar. Assim, se houver incapacidade de qualquer das partes no momento da conclusão do contrato preliminar, a mesma deve ser admitida e considerada também para o contrato definitivo.

No caso de haver incapacidade superveniente, por ocasião do contrato definitivo, sendo que a capacidade no momento da conclusão do contrato preliminar era plena, no que diz respeito ao contrato preliminar, deve-se considerar a capacidade no momento de sua celebração. Assim, a incapacidade superveniente de qualquer das partes não pode servir de base para o descumprimento do contrato preliminar e, por consequência, das obrigações nele assumidas.[108] Tem-se, pois, que não se deve confundir a capacidade para celebrar o próprio contrato preliminar com a capacidade para celebrar o contrato futuro, que é objeto do contrato preliminar.

Destaca-se, também, que não é necessário que as partes, já na ocasião da celebração do contrato preliminar, tenham capacidade para celebrar, no futuro, o contrato definitivo. Em verdade, nada impede que somente após a celebração do contrato preliminar as partes venham a adquirir a

---

[108] GOMES, Orlando. **Contratos**, cit., p. 268.

capacidade para a celebração do contrato definitivo. O que se requer é que, no momento previsto para a celebração do contrato definitivo, as partes tenham efetivamente capacidade para celebrá-lo.

2.5.1.2. Objeto

Quanto ao objeto, o contrato preliminar deve guardar licitude e possibilidade idênticas às exigidas para o contrato definitivo[109]. O objeto deve ser acordado na coisa e no preço, que devem ser determinados ou, ao menos, determináveis. Caso não seja possível a apuração do preço no momento da celebração do contrato preliminar, deve ser possível ao menos a definição de critérios para a sua determinação futura, até o momento da celebração do contrato definitivo.

O objeto do contrato preliminar e o objeto do contrato definitivo devem se enquadrar nas figuras permitidas pela legislação, sendo vedada qualquer forma de fraude à lei.

Eventual ilegalidade ou imoralidade do objeto do contrato definitivo, a ser celebrado no futuro, tem o condão de gerar também a invalidade e a ineficácia, *ab initio*, do contrato preliminar.

Um exemplo tradicional a ser considerado consiste na impossibilidade superveniente de celebração do contrato definitivo. Tal situação pode ocorrer quando uma das partes tinha capacidade (ou poderia vir a ter capacidade) para a celebração do contrato definitivo, mas houve a perda desta capacidade após a celebração do contrato preliminar. Está-se, pois, diante de uma situação em que o contrato preliminar terá que ser resolvido por impossibilidade absoluta de execução de seu objeto.

No exemplo acima mencionado, em havendo culpa da parte pela perda de sua capacidade, terá que indenizar os prejuízos causados à outra parte. Inexistindo culpa da parte pela perda de sua capacidade, o contrato preliminar será simplesmente resolvido (artigo 248, do Código Civil de 2002).

Outro exemplo apresentado pelos autores nacionais diz respeito à inexistência jurídica originária do contrato preliminar, por impossibilidade absoluta, originária de seu objeto. Neste caso, as partes detinham capacidade para celebrar apenas o contrato preliminar, mas não detinham e nem poderiam ter capacidade superveniente para a celebração do contrato

---

[109] PEREIRA, Caio Mario da Silva. **Instituições de Direito Civil – Contratos**, cit., p. 91.

definitivo. Sabe-se que a impossibilidade absoluta, originária do objeto de um contrato, torna o mesmo contrato nulo, como determinam os arts. 166, inciso II, e 106, do Código Civil de 2002.

Assim, se ao celebrar o contrato preliminar, as partes já sabiam que o contrato definitivo não poderia ser celebrado, porque pelo menos uma das partes era e continuaria sendo incapaz de fazê-lo, fica claro que o objeto do contrato preliminar jamais poderia ser cumprido. A consequência legal para essa situação é a de que o próprio contrato preliminar não existe juridicamente.

Entretanto, o contrato preliminar inexiste, não porque suas partes são incapazes de celebrá-lo, mas sim porque seu objeto é absolutamente impossível de ser cumprido. Sendo assim, a parte que culposamente deu causa à impossibilidade absoluta do objeto do contrato preliminar, impossibilidade esta já existente antes da celebração do contrato preliminar, haverá de responder por perdas e danos causados à parte inocente do mesmo contrato preliminar.

Observe-se que essa responsabilidade civil não é contratual, mas sim extracontratual, porque – por falta de objeto possível – o contrato preliminar não chegou a existir juridicamente.

2.5.1.3. Forma

Com relação à forma, antes da promulgação do Código Civil de 2002, havia controvérsia doutrinária e jurisprudencial sobre a formalidade do contrato preliminar[110]. Para alguns, o contrato preliminar seria autônomo do contrato definitivo, com integral liberdade de forma. Outros, no entanto, consideravam que o contrato preliminar deveria seguir a mesma forma estabelecida para o contrato definitivo.

Com o advento do Código Civil de 2002, no entanto, essa controvérsia tornou-se ultrapassada, tendo em vista que o legislador pátrio optou pela preponderância da primeira corrente, qual seja, a de que a validade e a eficácia do contrato preliminar independe da forma, prevalecendo a total liberdade formal, independentemente das formalidades eventualmente impostas ao contrato definitivo.

---

[110] GOMES, Orlando. **Contratos**, cit., p. 164.

2.5.1.4. Necessária adequação ao tipo do contrato futuro

O contrato preliminar deve, ainda, conter os requisitos essenciais ao tipo específico do contrato futuro a ser celebrado, com a indicação da natureza do negócio (art. 462 do Código Civil), sem necessidade, todavia, de ser atribuído o *nomen iuris* do contrato[111].

Conforme mencionado anteriormente, o legislador pátrio optou por adotar a teoria da autonomia parcial do contrato preliminar, por meio da qual o contrato preliminar somente se perfaz com a concordância das partes sobre os elementos essenciais do contrato definitivo. Devem, pois, estar presentes aos menos os requisitos mínimos para a constituição do futuro contrato.

No contrato preliminar relativo à compra e venda, por exemplo, exige-se que estejam definidos: (a) o objeto, (b) o preço e (c) a modalidade de pagamento. As partes contratantes devem, como mencionado anteriormente, possuir legitimidade jurídica para a prática do ato negocial futuro. Às partes fica facultada a inserção de cláusulas especiais, tais como: retrovenda, venda a contento, direito de preferência, dentre outras.

Ainda que ocorram casos em que não seja possível a definição exata do preço no momento da celebração do contrato preliminar, impõe-se que sejam fixadas ao menos as diretrizes básicas para que o preço possa ser determinado. As partes devem prever que o preço, ainda que não definido, é definível, seja por meio da fixação de cláusulas paramétricas vinculadas a índices específicos, seja por meio de cotação em bolsa no dia do pagamento, seja, ainda, por meio de fixação por perito ou especialistas.

Outro exemplo a ser considerado diz respeito à celebração de contrato de empreitada, que deve conter todos os requisitos essenciais, dependendo do tipo da empreitada a ser contatada (trabalho, trabalho e fornecimento de materiais, "EPC" – *Engineering Procurement and Construction* – , preço fechado, preço de custo, dentre outros).

Seja qual for o tipo do contrato futuro que vier a ser celebrado, o contrato preliminar deve respeitar seus requisitos essenciais para que tenha validade e eficácia entre as partes e, dependendo do caso, perante terceiros.

---

[111] NADER, Paulo. **Curso de Direito Civil,** cit., p. 158.

2.5.2. Deveres de conduta fundamentais ao contrato preliminar – a boa-fé objetiva e a cooperação

O direito obrigacional atual exige, além da presença dos requisitos e elementos tradicionais aplicáveis aos contratos, também a presença dos deveres de conduta, notadamente da boa-fé objetiva, para que sejam garantidas a validade e a eficácia dos contratos em geral e, especificamente, do contrato preliminar.[112]

A conduta das partes deixou de ter reflexo intrínseco na relação jurídica e passou também a gerar reflexos extrínsecos, com maior força. A conduta das partes é, atualmente, elemento essencial para se averiguar a validade e a eficácia das relações obrigacionais tidas como complexas. Trata-se do pilar de sustentação dessa inovação legal e hermenêutica, é a boa-fé que deve permear todas as relações em todas as suas fases.

A boa-fé deixou de ter o foco na intenção do sujeito (boa-fé subjetiva) para ter foco na conduta das partes (boa-fé objetiva), notadamente com relação aos negócios jurídicos. TEREZA NEGREIROS[113] bem distingue as duas espécies de boa-fé, como se pode verificar abaixo:

> "Ontologicamente, a boa-fé objetiva distancia-se da noção subjetiva, pois consiste num dever de conduta contratual ativo, e não de um estado psicológico experimentado pela pessoa do contratante; obriga a um certo comportamento, ao invés de outro; obriga à colaboração, não se satisfazendo com a mera abstenção, tampouco se limitando à função de justificar o gozo de benefícios que, em princípio, não se destinariam àquela pessoa. No âmbito contratual, portanto, o princípio da boa-fé impõe um padrão de conduta a ambos os contratantes no sentido da recíproca cooperação, com consideração dos interesses um do outro, em vista de se alcançar o efeito prático que justifica a existência jurídica do contrato celebrado".

---

[112] MELLO, Marcos Bernardes de. **Teoria do Fato Jurídico: Plano da Validade.** cit., p. 4; GUERRA JUNIOR, Celso Souza. **Negócios Jurídicos: à Luz de um Novo Sistema de Direito Privado.** Curitiba: Juruá, 2005, p. 54; STOCO, Rui. **Abuso de Direito e Má-Fé Processual.** São Paulo: RT, 2002, p. 40.

[113] NEGREIROS, Teresa. **Teoria do Contrato: Novos Paradigmas.** Rio de Janeiro: Renovar, 2006, p. 122-123.

Com a positivação de princípios fundamentais em nosso ordenamento jurídico, como, por exemplo, a boa-fé objetiva, que foi positivada por meio dos artigos 113, 128, 164, 166 § 2º, 187, 422, 765 e tantos outros do Código Civil, verificou-se a real intenção do legislador em incluir a boa-fé objetiva no âmbito das cláusulas gerais do direito civil e, por consequência, dos contratos, já que a apresenta como uma regra a ser considerada pelos contratantes nos negócios jurídicos em que se envolverem.

Como se sabe, a boa-fé objetiva é o norte da conduta das partes, observados os limites morais e a intenção das partes, visando ao cumprimento das obrigações avençadas. Nesse sentido tem se posicionado a doutrina nacional:

> "Presente tanto na formação, na conclusão e na execução, o princípio impregna de moralidade a atividade negocial, na defesa de valores básicos de convivência humana e de direitos ínsitos na personalidade. Com isso, o comportamento da parte deve, em todos os diferentes momentos do relacionamento, desde a aproximação à consecução de todas as obrigações, estar imbuído de espírito de lealdade, respeitando cada um o outro contratante e procurando, com a sua ação, corresponder às expectativas e interesses do outro contratante"[114].

* * *

> "Ao conceito de boa-fé objetiva estão subjacentes as ideias e ideais que animaram a boa-fé germânica: a boa-fé como regra de conduta fundada na honestidade, na retidão, na lealdade, e, principalmente, na consideração para com os interesses do alter, visto como um membro do conjunto social que é juridicamente tutelado.
>
> (...)
>
> Por boa-fé objetiva se quer significar – segundo a conotação que adveio do § 242 do CC alemão, de larga força expansionista em outros ordenamentos e, bem assim, daquela que lhe é atribuída nos países da *common law* –, modelo de conduta social, arquétipo ou standard jurídico, segundo o qual 'cada pessoa deve ajustar a própria conduta a esse arquétipo, obrando como obraria um homem reto: com honestidade, lealdade, probidade. Por este modelo objetivo de conduta levam-se em consideração os fatores concretos do caso, tais como

---

[114] BITTAR, Carlos Alberto. **Direitos dos Contratos e Atos Unilaterais.** Rio de Janeiro: Forense, 1990, p. 39.

o status pessoal e a conduta dos envolvidos, não se admitindo uma aplicação mecânica do standard, de tipo meramente subjetivo."[115]

* * *

"Ao princípio da boa-fé empresta-se ainda outro significado. Para traduzir o interesse social de segurança das relações jurídicas, diz-se, como está expresso no Código Civil alemão, que as partes devem agir com lealdade e confiança recíprocas. Numa palavra, devem proceder com boa-fé. Indo mais adiante, aventa-se a ideia de que entre o credor e o devedor é necessária a colaboração, um ajudando o outro na execução do contrato. A tanto, evidentemente, não se pode chegar, dada a contraposição de interesses, mas é certo que a conduta, tanto de um como de outro, subordina-se a regras que visam a impedir que dificulte uma parte a ação da outra."[116]

Os trechos acima citados dão conta de que a boa-fé objetiva é tanto o pressuposto de que as partes firmaram o negócio com lealdade, honestidade e visando ao fim comumente estabelecido, como também é a obrigação de que as partes permitam, entre si, a execução e o cumprimento do objeto contratado. O conceito é sintetizado por LUIZ GUILHERME LOUREIRO[117]:"Em suma, na definição de boa-fé, a doutrina põe em relevo as noções de lealdade, honestidade, retidão de conduta e mútua confiança".

O conceito de boa-fé objetiva remete a outro, com peculiaridades semelhantes e de igual pertinência para o caso em estudo: a função social do contrato. Tal conceito, segundo HUMBERTO THEODORO JÚNIOR e CLÁUDIA LIMA MARQUES, está intrinsecamente vinculado à questão dos padrões sociais a que se espera o negócio atenda.

"A boa-fé objetiva é pesquisada por meio de regras de conduta não escritas, mas que se mostram necessárias diante de 'padrões sociais estabelecidos e reconhecidos' como corretos no meio e no tempo em que o contrato se aperfeiçoou e se cumpriu"[118].

---

[115] MARTINS-COSTA, Judith Hofmeister. **A Incidência do Princípio da Boa-Fé no Período Pré-Negocial: Reflexes em Torno de Uma Notícia Jornalística**. Tese de doutoramento. São Paulo: USP, set. 1996, p. 465-504.

[116] GOMES, Orlando. **Contratos**, cit., p. 42.

[117] LOUREIRO, Luiz Guilherme. **Teoria Geral dos Contratos no Novo Código Civil**. São Paulo: Método, 2002, p. 65.

[118] THEODORO JÚNIOR, Humberto. **O Contrato e Sua Função Social**. Rio de Janeiro: Forense, 2003 p. 18.

* * *

"A nova concepção de contrato é uma concepção social deste instrumento jurídico, para a qual não só o momento da manifestação da vontade (consenso) importa, mas onde também e principalmente os efeitos do contrato na sociedade serão levados em conta e onde a condição social e econômica das pessoas nele envolvidas ganha em importância"[119].

Assim, todo e qualquer contrato requer, desde a fase negocial e até mesmo depois de seu término, que esteja presente a boa-fé objetiva em todas as obrigações e até mesmo nos deveres assumidos. O consenso é fundamental e eventual quebra da boa-fé que cause desequilíbrio na relação jurídica deve ser revista ou até mesmo punida.

O Código Civil de 2002 adotou, pois, a boa-fé objetiva como pilar de sustentação de toda a legislação civil, sendo considerada o alicerce das relações obrigacionais complexas, aparecendo por diversas vezes ao longo do referido *codex*.

O artigo 164 do Código Civil conferiu à boa-fé presunção relativa, o que significa dizer que, até que se prove o contrário, não incorre em má-fé qualquer das partes envolvidas em um negócio jurídico. A consideração implica dizer que o ônus da prova incumbe àquele que alegar a existência de má-fé.

Nada obstante a presunção relativa da boa-fé, ao normatizar o contrato preliminar por meio do artigo 422 do Código Civil, o legislador limitou-se a obrigar os contratantes a agirem com boa-fé somente na conclusão e na execução do contrato. Deixou de ser expresso, contudo, quanto à exigência da boa-fé nas fases pré e pós-contratual, no referido texto legal.

Embora não tenha sido expresso o legislador quanto à boa-fé na fase pré-contratual e tampouco na fase pós-contratual, a condição da boa-fé objetiva como cláusula geral de todo e qualquer negócio jurídico justifica claramente a sua obediência e aplicação, tanto nas negociações preliminares (incluídas, mas não limitadas às hipóteses pré-contratuais), como também nos eventos posteriores ao término do contrato (pós-contratual). Confira-se entendimento de NELSON NERY JUNIOR[120] a esse respeito:

[119] MARQUES, Cláudia Lima. **Contratos no Código de Defesa do Consumidor.** 2ª ed. São Paulo: Revista dos Tribunais, 1995, p. 29.
[120] NERY JUNIOR, Nelson; NERY, Rosa Maria de Andrade. **Código Civil Comentado.** São Paulo: Revista dos Tribunais, 2006, p. 415.

ASPECTOS RELEVANTES DO CONTRATO PRELIMINAR

"O BGB § 242, que inspirou a norma brasileira sob comentário, mantém sua redação original, de 1896, que não menciona nem a fase pré-contratual nem tampouco a pós-contratual, e nem por isso a doutrina e a jurisprudência deixaram de incluir aquelas duas circunstâncias no âmbito de sua aplicação. (...) Portanto, estão compreendidas no CC 422 as tratativas preliminares, antecedentes do contrato, como também as obrigações derivadas do contrato, ainda que já executado".

Idêntico entendimento é refletido por meio do enunciado nº 170, aprovado na III Jornada de Direito Civil, que determinou o seguinte: "A boa-fé objetiva deve ser observada pelas partes na fase de negociações preliminares e após a execução do contrato, quando tal exigência decorrer da natureza do contrato".[121]

A ausência de boa-fé, elemento considerado essencial aos contratos, também torna o contrato inválido e ineficaz. Ou seja, trata-se de mais um requisito essencial para a constituição do contrato preliminar, juntando-se àqueles apresentados anteriormente, que estão expressamente previstos nos arts. 104 e 462 do Código Civil. Adiciona-se, pois, a aplicação dos artigos relativos à boa-fé objetiva, para que o contrato preliminar seja considerado válido e eficaz perante as partes e também perante terceiros.

Com a elevação da boa-fé ao patamar de norma cogente, objetivamente considerada, esta consiste em novo requisito de validade que deve ser considerado quando se analisa um negócio jurídico. A boa-fé objetiva passou, pois, a ser considerada como requisito essencial em todo negócio jurídico, tornando-se indispensável para a validade de qualquer negócio jurídico, seja qual for a sua classificação, o que obviamente inclui o contrato preliminar.

A correlação entre a validade do negócio jurídico e a boa-fé objetiva tem por base a manifestação da vontade, elemento essencial para a celebração do negócio jurídico, desde a sua fase pré-contratual. Compartilha desse entendimento CELSO SOUZA GUERRA JUNIOR.[122], que afirma:

"Satisfação, equilíbrio e justiça negocial também são os requisitos de validade do negócio. O vínculo negocial poderá, e mesmo deverá ser considerado

---

[121] http://www.cjf.gov.br/revista/enunciados/IIIJornada.pdf (acesso em 20/06/2009)
[122] GUERRA JUNIOR, Celso Souza. **Negócios Jurídicos: À Luz de Um Novo Sistema de Direito Privado**. cit., p. 54.

inválido pela ausência da probidade ou da boa-fé objetiva e, de acordo com o grau de incidência destes novos elementos, tal negócio poderá ser nulo ou anulável"

RUI STOCO[123], ao tratar de boa-fé e validade do negócio jurídico, vai além da validade e também considera que um negócio jurídico sem boa-fé é também ineficaz:

"A boa-fé é um princípio que tem força de validar negócios jurídicos. Ela funciona como regra implícita em todo negócio jurídico bilateral, notadamente no contrato de seguro, contrato que, pelas suas características, a manifestação da vontade representa o elemento nuclear para a sua formação, validade e eficácia".

RENAN LOTUFO[124], por sua vez, prevê que:

"(...) no âmbito do Direito contemporâneo, há um elemento que deve sempre estar presente: a boa-fé. A boa-fé há que reger o mundo do negócio jurídico. Portanto, desde o início da formação da vontade, é necessário que a boa-fé esteja presente, que se mantenha na sequência, ou seja, mesmo depois da execução do próprio negócio. A boa-fé aqui referida é a que se denomina boa-fé objetiva".

Um possível desvirtuamento causado pela inobservância da boa-fé objetiva nos negócios jurídicos acarretará implicações nos planos da validade e da eficácia, tornando o negócio jurídico nulo ou anulável, como bem salientou CELSO SOUZA GUERRA JUNIOR[125]. Dessa forma, a ausência de boa-fé objetiva implica a invalidação do negócio jurídico, podendo ser este nulo ou anulável (a depender do grau de influência que a ausência de boa-fé tiver na relação negocial, ensejando, inclusive, responsabilidade civil por perdas e danos a títulos materiais e morais.

---

[123] STOCO, Rui. **Abuso de Direito e Má-Fé Processual.** cit., p. 40.
[124] LOTUFO, Renan. **Código Civil Comentado**. Volume 1, Parte Geral. São Paulo: Saraiva, 2003, p. 284.
[125] GUERRA JUNIOR, Celso Souza. **Negócios Jurídicos: À Luz de Um Novo Sistema de Direito Privado**, cit., p. 54.

Tem-se, pois, que a boa-fé objetiva aparece no direito atual como mais um dos requisitos de validade e de eficácia do negócio jurídico e, por consequência, também do contrato preliminar. A boa-fé objetiva deve estar presente em todo o negócio jurídico, desde de a formação da vontade até a formação do negócio propriamente dito, com objeto, forma, circunstâncias negociais, agente, tempo e lugar específicos. Somente com todos os elementos necessários presentes e a relação permeada de boa-fé é que se terá uma relação jurídica válida e eficaz.

Caso comprovada a ausência de boa-fé por qualquer das partes no momento da celebração do contrato preliminar ou mesmo durante a sua execução, o contrato preliminar pode ser considerado nulo, tendo em vista a adoção, pelo Código Civil atual, quando o negócio jurídico for (i) celebrado por pessoa absolutamente incapaz; (ii) for ilícito, impossível ou indeterminável o seu objeto; (iii) o motivo determinante, comum a ambas as partes, for ilícito; (iv) não revestir a forma prescrita em lei; (v) for preterida alguma solenidade que a lei considere essencial para a sua validade; (vi) tiver por objetivo fraudar lei imperativa; e (vii) a lei taxativamente o declarar nulo, ou proibir-lhe a prática, sem cominar sanção.

Por ser a boa-fé objetiva atualmente considerada como norma cogente, um negócio jurídico sem a necessária boa-fé objetiva implica em inevitável descumprimento legal, sendo, portanto, nulo. Assim, a ausência de boa-fé, quando da celebração do contrato preliminar, impõe a invalidade e ineficácia dos atos praticados, como se nunca tivessem sido praticados, restabelecendo-se o *status quo ante*, haja vista que a ordem pública foi abalada com a celebração do negócio viciado.

Vale destacar, no entanto, que o ato nulo não é ratificável, tampouco convalesce pelo decurso do tempo (artigo 169), porém pode ser convertido em negócio válido, desde que de acordo com os dizeres do artigo 170 do Código Civil atual. Trata-se da aplicação efetiva do princípio da *conservação do negócio jurídico*, situação em que um negócio jurídico nulo subsiste como válido, quando contém os requisitos de outro tipo de negócio jurídico. SÍLVIO DE SALVO VENOSA[126] apresenta como exemplo de conversão do negócio jurídico o da escritura pública nula de compra e venda de imóvel,

---

[126] VENOSA, Sílvio de Salvo. **Direito Civil – Teoria Geral das Obrigações e Teoria Geral dos Contratos.** 3ª ed., vol. 2. São Paulo: Atlas, 2003, p. 578.

que pode ser convertida em compromisso de compra e venda (contrato preliminar), o qual não necessita de escritura pública.

Nota-se que a ausência de boa-fé, no entanto, inviabiliza a conversão de um negócio jurídico em outro, já que a boa-fé é também requisito de validade para todo e qualquer tipo de negócio jurídico, não sendo aplicável, portanto, o princípio da conservação do negócio jurídico, no caso de comprovada ausência de boa-fé pelas partes contratantes.

Assim, uma vez comprovada a ausência de boa-fé objetiva no contrato preliminar, ora erigida ao *status* de requisito essencial de validade e eficácia do negócio jurídico, tem-se a inevitável invalidade do negócio jurídico (neste caso: contrato preliminar) e, como consequência, sua nulidade, assim como seus eventuais efeitos ou conversão dos negócios ora considerados nulos em negócios futuros válidos.

Além da boa-fé objetiva, que já se encontra consolidada em nosso ordenamento, deve-se atentar para sua presença em todas as fases do contrato (pré, execução e pós), haja vista que o dever de cooperação é atualmente considerado como um dos principais alicerces de sustentação das relações obrigacionais complexas.

A cooperação entre as partes contratantes é requisito essencial de validade da relação obrigacional, haja vista a relevância da solidariedade entre as partes e da intenção real de celebrarem acordo visando um fim maior, um bem social e econômico. Com base nisso, o dever de cooperação, até então pouco usado no Brasil, deixou de ser uma obrigação marginal para se tornar mais uma fundação do direito obrigacional, especialmente na fase pré-contratual, quando a cooperação de parte a parte deve ser ainda maior.

Para GIOVANNI ETTORE NANNI[127], a cooperação das partes é elemento norteador da relação obrigacional e está inserido no princípio da solidariedade:

> "[se] o princípio da solidariedade determina um digno relacionamento social, inclusive o jurídico, voltado para o coletivo, é imperioso que as partes busquem, na proporção dos esforços que lhes cabem, em cooperação, o adimplemento da obrigação assumida. É este o espírito que norteia a relação

---

[127] NANNI, Giovanni Ettore. **O Dever de Cooperação nas Relações Obrigacionais à Luz do Princípio Constitucional da Solidariedade**, p. 308. In **Temas Relevantes do Direito Civil Contemporâneo**. Coordenação Giovanni Ettore Nanni. São Paulo: Atlas, 2008.

obrigacional no atual cenário constitucional-civilístico: a atuação das partes em cooperação para atingir a satisfação da obrigação. O contrato, que não esgota todas as obrigações mas concentra grande parte delas, em razão do princípio da solidariedade e das diretrizes do Código Civil de 2002, é um meio de colaboração entre as partes, de tal maneira que credor e devedor não devem ser considerados como partes antagônicas e sim como partícipes imbuídos de obter um fim comum, que é o regular cumprimento da avença assumida."

Nos negócios tidos como complexos, a cooperação desde a fase pré--contratual tem ainda maior relevância e é considerada, por JUDITH MARTINS COSTA[128], como princípio geral da disciplina obrigacional:

"A colaboração possibilita o adimplemento porque, para que seja eficaz-mente atingido, é necessário que as partes atuem, ambas, em vista do interesse legítimo do *alter*. As partes de uma relação obrigacional não são entidades isoladas e estranhas, atomisticamente consideradas: pelo contrário, tendo se aproximado em virtude de contrato social juridicamente qualificado por graus de proximidade ou distância (e o grau que aproxima os dois contratantes é de extrema proximidade), as partes estão entre si relacionadas, razão pela qual a necessidade de colaboração intersubjetiva constitui, como afirmou Menezes Cordeiro, 'princípio geral da disciplina obrigacional'."

Nota-se, assim, que o dever de cooperação consiste em mais um sóli-do alicerce do direito obrigacional, por ter conferido maior segurança às relações obrigacionais complexas, notadamente na fase pré-contratual.[129] A cooperação entre as partes, sabidamente, varia no caso a caso, depen-

---

[128] MARTINS-COSTA, Judith. **Comentários ao Novo Código Civil: do Direito das Obrigações, do Adimplemento e da Extinção das Obrigações**. Rio de Janeiro: Forense, 203, v.5, t.1, p. 26.

[129] *"Tali disposizioni, se interpretate sistematicamente, indicano, invece, Che entrambe le parti sono attivamente coinvolte nella civenda attuativa dell'obbligazione degli interessi AL rapporto. Tale cooperazione, già desumibile dalle disposizioni codixistiche, rinviene um più incisivo e pripritario fondamento, acquisendo ad um tempo um nuovo significato normativo, nel principio di solidarietà (2 cost.)".* Tais disposições, se interpretadas sistematicamente, indicam, ao contrário, que ambas as partes participam ativamente da obrigação de interesse na relação (contratual). Tal cooperação, já deduzida das disposições codificadas, remete a um fundamento mais forte/incisivo, adquirindo, com o tempo, um novo significado normativo, no princípio da solidariedade." – tradução livre do autor. PERLIGIERI, Pietro. *Il Diritto Civile Nella Legalità Constituzionale.* 2ª ed. *Napoli: Edizioni Scientifiche Italieane,* 1991, p. 209.

dendo dos interesses envolvidos, do objeto da prestação e, especialmente, da complexidade da relação obrigacional. É, pois, a situação fática que determina o nível necessário de cooperação entre as partes.

Relevante, no entanto, é que haja efetiva cooperação, independentemente do seu nível. A sua ausência prejudica o negócio jurídico, podendo até mesmo prejudicar a formação do contrato, chegando a configurar a invalidade ou ineficácia do negócio jurídico.

GIOVANNI ETTORE NANNI[130] demonstra que o dever de cooperação, embora ainda não tenha sido expressamente inserido em nossa legislação, vem sendo aplicado amplamente no exterior, especialmente por meio dos princípios UNIDROIT, por meio do item 5.1.3: *"Cooperação entre as partes"*. Assim, no âmbito dos contratos comerciais internacionais, as partes têm a obrigação de cooperar umas com as outras, da forma esperada para o tipo da obrigação. Da mesma forma previu o artigo 1:202 da *European Contract Law Commission*: "Obrigação de Cooperação: as partes são obrigadas reciprocamente a cooperar com a finalidade de dar plena execução ao contrato".

Nota-se, com isso, que a cooperação, além de ser aplicada mundialmente, serve para demonstrar a tendência nacional sobre o direito obrigacional em relações complexas, o que também inclui o processo de formação do contrato, quando se impõe cooperação entre as partes durante a negociação e a celebração do contrato.

O dever de cooperação é atualmente um dever fundamental das relações negociais e não mais um dever lateral e, por isso, deve ser respeitado quando da celebração do contrato preliminar. De força comparável à boa-fé objetiva está o dever de cooperação e a solidariedade na fase pré-contratual. Sua ausência configura uma clara afronta aos requisitos essenciais de constituição do contrato preliminar.

Além das partes envolvidas, também os terceiros encontram-se vinculados aos deveres de cooperação e consequentes responsabilidades decorrentes de eventual quebra de tal conduta. Assim, não cabe ao terceiro atrapalhar maliciosamente a relação particular ou prejudicá-la sem real fundamento.

---

[130] NANNI, Giovanni Ettore. **O Dever de Cooperação nas Relações Obrigacionais à Luz do Princípio Constitucional da Solidariedade**, cit., p. 310.

A cooperação é, pois, uma efetiva obrigação de mão dupla, que deve estar presente em todas as fases do negócio jurídico, sob pena de torná-lo inválido e ineficaz, além da possibilidade de reparação de perdas e danos sofridos e, eventualmente, de execução específica. Diante disso, assim como a boa-fé objetiva, a cooperação deve sempre estar presente nas relações obrigacionais, especialmente na fase pré-contratual, cuja ausência pode até mesmo ensejar a descontinuidade do processo de formação do contrato.

Como parte integrante das regras de boa-fé objetiva e do dever de cooperação, tem-se o dever de informação recíproca na fase pré-contratual pode ser percebido nos mais variados ramos de negócios e tipos de contratos, já que o processo de formação do contrato impõe a necessária troca de conhecimentos, com a consequente apresentação dos interesses, de parte a parte, de forma progressiva.

A confiança na outra parte começa a ser formada e consolidada durante essa fase de negociação e, por isso, é nesse momento que as partes devem informar tudo o que considerarem relevante para o negócio, que possa influenciá-lo de alguma forma no presente e também no futuro, sob pena de aplicação de penalidades e até mesmo do rompimento justificado das negociações[131]. A falta de informação e a quebra dessa obrigação por qualquer das partes implica em vício do contrato preliminar, podendo chegar até mesmo a interromper as negociações.

Conforme entendimento de KARINA NUNES FRITZ[132], tem-se que:

> "A importância da informação mede-se precisamente por sua influência na formação do juízo de conveniência e oportunidade do negócio a ser firmado, de modo que, de posse dessa informação, ou as partes não chegam à conclusão do contrato ou o fazem sob diversas condições. Benatti coloca que, como o fim essencial de quem negocia é a representação acerca do conteúdo do futuro contrato, é dever imposto pela boa-fé informar o outro acerca daquilo que é necessário para formar seu convencimento.
>
> (...)

---

[131] HARRIS, Donald; TALLON, Denis. **Contract Law Today – Anglo-French Comparisons.** *Oxford: Clarendon Press*, 1989, p. 151-193.

[132] FRITZ, Karina Nunes. **Boa-fé Objetiva na Fase Pré-Contratual – A Responsabilidade Pré-Contratual por Ruptura das Negociações.** 1ª edição. Curitiba: Juruá, 2009, p. 227.

Sendo as negociações a fase na qual as partes deliberam sobre a formação ou não do contrato, nada mais razoável exigir que todas as informações relacionadas com o eventual negócio sejam devidamente fornecidas, a fim de que os envolvidos possam, com base em dados corretos e completos, formar seguramente um juízo de conveniência e oportunidade sobre o negócio, daí dizer Menezes Cordeiro que os deveres de informação 'adstringem as partes à prestação de todos os esclarecimentos necessários à conclusão honesta do contrato.'"

A autora acima mencionada aprofunda sua análise ao destacar a tendência da jurisprudência alemã sobre a relevância em considerar o equilíbrio de forças entre as partes durante a negociação, para que, com as informações fornecidas de parte a parte, sejam esclarecidas as eventuais dúvidas que venham a surgir durante a fase de formação do contrato.

Cabe notar que o dever de informação engloba tanto o dever de informar quanto o dever de explicar, esclarecendo e aconselhando a contraparte sobre as circunstâncias importantes, que sejam capazes de influenciar a sua decisão. Destaca-se também o dever de clareza, que deve estar presente na fase de negociação do contrato.[133]

Alguns autores, como CARLYLE POPP[134], consideram necessário fazer uma distinção entre os deveres de informação, de conselho e de recomendação:

"O dever de informar é atinente às condições específicas do negócio, cláusulas contratuais, condições particulares dos bens envolvidos, vícios aparentes e redibitórios, aspectos atinentes à evicção, etc. O dever de conselho, por sua vez, reside no âmbito da oportunidade do negócio, enquanto que o de recomendação labora, normalmente, com alternatividades de conduta. A obrigação de conselho é mais intensa que a de recomendação. Estas duas últimas implicam, inclusive, a obrigatoriedade do cocontratante, eventualmente, agir contra seus próprios interesses e orientar a outra parte a não realizar o negócio ou realizá-lo em outras condições. Pode-se dizer então que o dever de conselho e recomendação precede o dever de informar, pois aqueles

---

[133] FRITZ, Karina Nunes. **Boa-fé Objetiva na Fase Pré-Contratual – A Responsabilidade Pré-Contratual por Ruptura das Negociações**, cit., p. 228.

[134] POPP, Carlyle. **Responsabilidade Civil Pré-Negocial: O Rompimento das Tratativas**, cit., p. 199.

referem-se, regra geral, ao negócio genericamente, e este às especificidades do contrato em questão."

MASSIMO BIANCA[135] discorda da posição de que o dever de informação não compreende o juízo de conveniência do negócio, o qual faz parte do "jogo da contratação" e, por isso, caberia às partes em negociação suportarem os riscos de sua própria valoração do negócio. Assim, caberia às partes efetuar seu próprio juízo de conveniência e oportunidade, não cabendo transferir tal responsabilidade à contraparte.

É mister notar que, junto ao dever de informar, há o dever de ser informado e, por isso, além da obrigação de informar sobre as questões relevantes, também se tem o direito de ser informado. A situação das partes é sempre delicada, quanto ao fornecimento de informações durante a fase de negociações preliminares e, também, quando da elaboração de um contrato preliminar.

Diante da relevância de serem prestadas informações de parte a parte, são celebrados termos paralelos que garantem às partes a confidencialidade das informações prestadas durante a fase de negociação, com imposição de multas pesadas para se evitar que informações relevantes sejam omitidas e, também, para que sejam mantidas sob sigilo quando forem prestadas à outra parte.

O dever de sigilo também está inserido nas regras de boa-fé objetiva e cooperação entre as partes durante o processo de formação do contrato, as partes normalmente tomam conhecimento de informações sigilosas, relativas ao negócio e também às pessoas envolvidas. Essas informações são, na maioria das vezes, fundamentais para que o negócio possa ser fechado da forma pretendida pelas partes e, também, para evitar impugnações ou pressões políticas ou econômicas.

---

[135] *"Il dovere d'informazione non può comprendere La convenienza dell'affare poiché La maggiore o minore convenienza, e cioè Il maggione o minore profitto dell'affare, rientra nel normale giuoco della contrattazione. Ciascuno ha l'onere di valutare da sé La convenienza del contratto che conclude, e supporta Il rischio di uma valuntazione errata, a meno Che l'errore sai Il risultato del dolo della controparte".* O dever de informação não pode compreender a conveniência do negócio, porque a maior ou menor conveniência, isto é, a maior ou menor vantagem do negócio, entra no jogo normal da contratação. Cada um tem o ônus de avaliar, por si só, a conveniência do contrato que conclui e de suportar o risco de uma avaliação errônea, a menos que o erro seja resultado de dolo da contraparte. – tradução livre. BIANCA, C. Massimo, ***Diritto Civile – Il Contrato.*** Milano: Dott. A. Giuffré Editore, 1987, p. 167

Caso o negócio venha a ser concluído, a manutenção do sigilo auxiliou no sentido de que o contrato preliminar tivesse sua eficácia total. No entanto, caso o contrato definitivo não seja celebrado por qualquer motivo, as partes devem necessariamente manter o sigilo sobre as informações que foram disponibilizadas, sob pena de causar prejuízos à parte que disponibilizou as informações. Há casos, ainda, em que o negócio deixou de ser celebrado em decorrência da quebra do sigilo.

Na fase pré-contratual, o sigilo é extremamente relevante e, por isso, trata-se de um dever às partes e até mesmo a terceiros, que porventura venham a ter conhecimento do negócio futuro a ser celebrado.

ANA PRATA[136] sustenta que:

> "para saber se existe um dever pré-contratual de sigilo é indispensável conhecer as circunstâncias em que a informação foi obtida: esta deve tê-lo sido no quadro dos contractos negociatórios e por causa destes, no sentido em que, mesmo quando a informação não tenha sido prestada em conexão com eles, só porque tais contractos tiveram lugar foi possível obter a informação, já que esta não era acessível a qualquer sujeito."

Note-se que o dever de sigilo já existe na fase pré-contratual, prolongando-se durante a execução do contrato e também, em alguns casos, na fase pós-contratual. Segundo REGIS FICHTNER PEREIRA[137], há casos em que "o sigilo durante as negociações é condição para o próprio estabelecimento do contrato." KARINA NUNES FRITZ[138] considera que o dever de sigilo

---

[136] PRATA, Ana. **Notas Sobre Responsabilidade Pré-Contractual**. Lisboa: Almedina, 1991, p. 63.

[137] PEREIRA, Regis Fitchtner. **A Responsabilidade Civil Pré-Contratual**. Teoria Geral da Responsabilidade pela Ruptura das Negociações Contratuais. Rio de Janeiro: Renovar, 2001, p. 370.

[138] "O mandamento da boa-fé objetiva impõe às partes um dever de sigilo pelo qual proíbe-se o repasse das informações conhecidas em função das negociações, cuja difusão possa ser danosa à outra parte, como, por exemplo, a divulgação da situação financeira do ex-parceiro negocial. Alguns autores, entretanto, desconsideram a realidade danosa da divulgação como elemento do dever de sigilo.

(...)

O objeto do dever de sigilo são informações adquiridas em função das negociações, podendo-se estender ainda ao motivo do fracasso das negociações, se essa divulgação puder causar danos ao parceiro." FRITZ, Karina Nunes. **Boa-fé Objetiva na Fase Pré-Contratual – A Responsabilidade Pré-Contratual por Ruptura das Negociações**, cit., p. 227.

na fase de negociações do contrato é sustentado também pela aplicação da boa-fé objetiva, já que eventual divulgação das informações pode acarretar o fracasso das negociações e, por consequência, do negócio jurídico.

A relevância do sigilo na fase pré-contratual é tanta que as partes chegam a celebrar acordos específicos para garantir o sigilo das informações recebidas na fase negocial, buscando-se evitar, com isso, prejuízos com a publicação ou veiculação indevida das informações confidenciais. Confira-se posicionamento de MARISTELA BASSO[139], a esse respeito:

> "Uma vez concluído o contrato definitivo, o acordo de segredo geralmente desaparece, pois, no corpo do ajuste final se inclui uma cláusula de segredo, de confidência. No caso de recesso das tratativas, o acordo vigorará pelo prazo nele fixado. Caso nenhum prazo tenha sido estabelecido, a base de cálculo dependerá das circunstâncias da situação concreta. Em geral, dever-se-á considerar que a obrigação de segredo subsistirá até quando as informações confidenciais não caiam no domínio público e a sua divulgação seja suscetível de prejudicar o proprietário."

O dever de sigilo está intimamente ligado ao dever de lealdade, de boa-fé e de cooperação, com aplicação a todas as fases do contrato, especialmente na fase pré-contratual e, por consequência, no contrato preliminar. Às partes, portanto, é vedada a divulgação de informações sigilosas, sob pena de irregularidade no contrato ou mesmo a sua não celebração, com a consequente imputação de penas à parte que deu causa e divulgou as informações sigilosas.

Além dos deveres de conduta que visam possibilitar a efetivação de um direito, existem os deveres de conduta que visam defender ou proteger as partes envolvidas nas relações obrigacionais, notadamente no momento da formação do contrato. Conforme demonstra KARINA NUNES FRITZ[140], o dever de proteção foi um dos primeiros deveres pré-contratuais reconhecidos pela jurisprudência alemã, com base no § 242 do BGB, quando do julgamento do emblemático caso dos "rolos de tapetes de linóleo", julgado pelo RG em 07.12.1911.

---

[139] BASSO, Maristela. **As Cartas de Intenção ou Contratos de Negociação**. RT 88/769, São Paulo: Revista dos Tribunais, nov. 1999, p. 35.
[140] FRITZ, Karina Nunes. **Boa-fé Objetiva na Fase Pré-Contratual – A Responsabilidade Pré-Contratual por Ruptura das Negociações**, cit., p. 219.

Na fase pré-contratual existem os deveres de zelar pela integridade física do outro contratante e pela segurança dos bens envolvidos no negócio presente e futuro.[141] Deveres esses essenciais ao negócio jurídico, o que inclui o contrato preliminar. A qualidade dos bens, a integridade física das partes, entre outras formas de se proteger o negócio, seu objeto e aqueles nele envolvidos é essencial para que o negócio seja celebrado dentro das normas legais, garantindo-se, com isso, a validade e a eficácia do negócio preliminar e, especialmente, do negócio futuro.

É mister notar, ainda, que o dever de proteção não se esgota na simples conduta passiva de não causar o dano por uma das partes, durante a fase pré-contratual, mas também inclui a um comportamento ativo que, segundo a autora acima citada[142], se revela no dever de guarda e restituição dos bens recebidos durante as negociações. CARLYLE POPP[143], ao tratar do tema, considera que, além do dever de guarda, deve-se devolver os bens no menor espaço de tempo possível, sob pena de responder pela retenção excessiva ou danificação da coisa nos termos da lei.

Assim, o dever de proteção na fase de negociações e também durante a evolução do contrato preliminar é essencial para garantir a contratação futura livre de vícios do consentimento, que possam gerar a anulação do negócio jurídico em que ficou caracterizada a ausência de proteção de uma parte para com a outra. As partes devem se proteger e também desenvolver eventual bem no menor espaço de tempo.

---

[141] GARCIA, Enéas Costa. **Responsabilidade Pré e Pós-contratual à Luz da Boa-Fé**. São Paulo: Juarez, 2003, p. 221.

[142] "Por fim, deve-se observar que o dever de proteção não se esgota na simples conduta passiva de não causar dano, mas pode envolver ainda um comportamento ativo que se revela, por exemplo, no dever de guarda e restituição dos bens recebidos durante as negociações. Esses deveres, embora sejam dogmaticamente desdobramentos do dever de proteção, podem ganhar autonomia de acordo com as peculiaridades do caso concreto, constituindo sua violação fundamento para a responsabilidade pré-contratual.". FRITZ, Karina Nunes. **Boa--fé Objetiva na Fase Pré-Contratual – A Responsabilidade Pré-Contratual por Ruptura das Negociações**, cit., p. 226.

[143] "(...) sempre que uma das partes, em função das negociações preliminares, receber bens ou documentos para análise e verificação, terá o dever de guarda, como se sua fosse, e devolução no menor espaço de tempo possível. Responderá, destarte, pela retenção excessiva ou danificação da coisa, nos termos da lei.". POPP, Carlyle. **Responsabilidade Civil Pré--negocial: O Rompimento das Tratativas**, cit., p. 206.

Pelo exposto, verifica-se que a ausência de boa-fé objetiva ou de cooperação (juntamente com os outros deveres de conduta) durante o processo de negociação do contrato definitivo, onde se inclui o contrato preliminar, tem como consequência a invalidade e a ineficácia do negócio jurídico, no caso, do contrato preliminar.

2.5.3. Requisitos secundários

De acordo com a legislação atual, questões e aspectos que ainda não estiverem definidos no momento da celebração do contrato e que não configurem requisitos essenciais do contrato definitivo (partes, objeto – lícito e possível – e boa-fé objetiva), poderão ser completados futuramente no próprio contrato preliminar, ou mesmo no momento da celebração do contrato definitivo.

Há viabilidade de constituição do contrato preliminar quando estão presentes os requisitos essenciais e ainda estão pendentes de definição requisitos considerados secundários, como se pode notar por meio do exemplo apresentado por FÁBIO ULHOA COELHO[144]:

> "Considere a declaração convergente de vontade de dois sujeitos no sentido de virem a contratar a compra de um deles de certo bem do outro, devidamente individuado. Se a declaração não definir preço ou ao menos o critério para a sua fixação (avaliação por perito de escolha das partes, por exemplo), não há contrato preliminar, porque não existe ainda acordo de vontade sobre um elemento essencial da compra e venda. Se, por outro lado, essa declaração convergente de vontade estabelecer o preço a pagar pelo bem a ser alienado, mas deixar em aberto qual dos contratantes deve suportar as despesas com a tradição, existe contrato preliminar, porque esse aspecto do negócio é secundário."

Ainda que usando outra denominação para os "requisitos secundários", utiliza-se o termo "requisitos acidentais". É também esse o entendimento de TARCISIO TEIXEIRA[145], como se verifica abaixo:

> "(...) Por sua vez, os requisitos acidentais são os que podem ou não fazer parte do negócio em questão, sendo utilizados pelas partes de forma a

---

[144] COELHO, Fabio Ulhoa. **Curso de Direito Civil**, cit., p. 88.
[145] TEIXEIRA. Tarcisio. **Contrato Preliminar Empresarial**, cit., p. 716.

amoldar o negócio como melhor lhe convirem, se apresentando na forma de: condição, termo ou encargo. A ausência dos requisitos acidentais não impede a realização do negócio.

Da redação do artigo 462, do Código Civil, abstrai-se que não são necessários aos contratos preliminares o acordo de vontade sobre os elementos acidentais, mas se eles estiverem presentes não haverá nenhuma implicação negativa (apenas poderá fazer com que o contrato preliminar se assemelhe ainda mais com o contrato definitivo, no entanto, parece salutar que no contrato preliminar as partes apontem, no mínimo, o prazo para conclusão do contrato definitivo)."

Nota-se que todas as questões ou aspectos que puderem ser definidos posteriormente e que não configurem irregularidade na constituição do contrato preliminar devem ser considerados requisitos secundários (ou acidentais) que, embora relevantes para o contrato definitivo e para a relação negocial, não implicarão em irregularidade do contrato preliminar.

Com isso, confere-se maior liberdade para a celebração do contrato preliminar e, por consequência, maior segurança para as partes durante a negociação contratual, já que apenas os requisitos secundários (ou acidentais, ou superficiais) foram deixados para serem definidos futuramente, seja ainda durante a vigência do contrato preliminar, seja quando da celebração do contrato definitivo.

2.6. A extinção do contrato preliminar

Considerando-se que o contrato preliminar é parte de uma relação complexa que visa conferir segurança às partes e que tem como fim principal a celebração futura de um contrato definitivo, a extinção do contrato preliminar consiste na efetiva produção dos seus efeitos e somente ocorrerá quando houver novação. Já para aqueles que admitem a autonomia total do contrato definitivo e do contrato preliminar, este se extingue, de fato, com a celebração do outro.

Nesse sentido, confira-se entendimento de ORLANDO GOMES[146]:

---

[146] GOMES, Orlando. **Contratos**, cit., p. 166.

"Extinção. Para os que admitem a autonomia do contrato definitivo, a promessa extingue-se ao ser cumprida. Assentado, porém, que se trata de relação contratual complexa, que começa com o pré-contrato, o cumprimento do prometido não é mais do que um de seus efeitos. Assim sendo, o pré-contrato só se extinguirá se houver novação."

Em princípio, a extinção de um contrato pode dar-se nos termos e na forma previstos no Código Civil, artigos 472 e seguintes, quando não houver incompatibilidade com a própria figura.[147] É possível, também, que se tenha a resolução do contrato preliminar quando ocorrer o inadimplemento por qualquer das partes e, ainda que o outro contratante possa requerer a execução específica, este prefira o ressarcimento por meio da cobrança das verbas relativas a perdas e danos. O contrato preliminar também pode ser extinto a qualquer tempo por distrato, ou seja, pela vontade comum das partes.

Ademais, a extinção do contrato preliminar pode dar-se pelo simples transcurso de prazo razoável, caso este não esteja previsto expressamente (artigo 466 do Código Civil). Cabe ressaltar que o *modus faciendi* do contrato preliminar consiste na estipulação de prazo para o cumprimento da obrigação de fazer, qual seja, a celebração do contrato definitivo.

Vale lembrar que o contrato preliminar é irretratável, salvo se houver cláusula de arrependimento, devendo as partes cumprir o contrato preliminar por meio da celebração do contrato definitivo, sob pena de se estar sujeito à execução específica (se e quando estiverem presentes os requisitos e elementos necessários). Em vista disso, é possível a extinção do contrato preliminar com o pagamento de *arras penitenciais* previamente estipuladas, de comum acordo, pelos contratantes, e desde que o arrependimento seja unilateral. Tem-se, pois, a possibilidade de uma das partes se arrepender. Segundo JONES FIGUEIREDO ALVES[148]:

"Os figurantes do contrato preliminar obrigam-se ao cumprimento do definitivo e, por isso, respondem à execução específica da obrigação, como prescreve o artigo seguinte. A inclusão, todavia, de cláusula de arrependimento constitui direito assegurado às partes (*jus poenitendi*) de não o celebrarem (RT, 672/176)."

[147] TEIXEIRA. Tarcisio. **Contrato Preliminar Empresarial**, cit., p. 732.
[148] ALVES, Jones Figueiredo. **Código Civil Comentado**, cit., p. 420.

NELSON ROSENVALD[149], por sua vez, considera que:

"A existência de cláusula de arrependimento é fator impeditivo à persecução da tutela específica judicial. Cuida-se de um direito potestativo de retratação deferido aos contratantes, concedendo-lhes o poder de, a qualquer tempo, resilir unilateralmente o contrato preliminar pela forma de denúncia notificada à outra parte (art. 473 do CC)."

Em decisão prolatada por KAZUO WATANABE, quando juiz do Segundo Tribunal de Alçada do Estado de São Paulo, concluiu-se que "o direito de arrependimento tem que ser exercido dentro do prazo que o pré-contrato estabelecer e, se não existir esse prazo, até o início da execução do contrato." (RT 493/149).

Assim, o exercício do arrependimento durante a vigência do contrato preliminar é considerado como um risco real para os negócios tidos como complexos[150], já que na maioria desses casos existe uma inter-relação entre o contrato preliminar e o negócio definitivo[151], além de situações em que um contrato preliminar tem real influência em outros contratos complexos mistos ou coligados.

Para alguns doutrinadores, a inclusão da cláusula de arrependimento no contrato preliminar o enfraquece, podendo até mesmo gerar insegurança às relações jurídicas por ele reguladas. Nesse sentido, confira-se entendimento de TARCISIO TEIXEIRA[152]:

---

[149] ROSENVALD, Nelson. **Código Civil Comentado**, cit., p. 357.

[150] "(...) complexo é o negócio jurídico em que são complexos ou o sujeito, ou o objeto, ou a manifestação de vontade. Desse modo, o negócio jurídico, apesar de único, pode ter suporte fático complexo, sendo tal complexidade caracterizada por pluralidade de sujeitos (complexidade subjetiva), pluralidade de objetos ou prestações (complexidade objetiva) ou pluralidade de manifestações de vontade (complexidade volitiva). In MARINO, Francisco Paulo De Crescenzo. **Contratos Coligados no Direito Brasileiro.** São Paulo: Saraiva, 2009, p. 109.

[151] "(...) Há uma certa corrente que define a relação como semelhante àquela dentre os contratos coligados. Ora, contratos coligados são aqueles que, exercendo função econômica diversa, têm influência recíproca. Eles podem ser relacionados pelo caráter originário ou funcional. Além disso, como ensinam os autores, o vínculo entre eles pode decorrer da vontade das partes, dito, portanto, coligamento voluntário, ou da função econômico-social própria do contrato, ou seja, há um elemento objetivo de coligação entre os contratos.". FERNANDES, Wanderley; OLIVEIRA, Jonathan Mendes. **Contrato Preliminar: Segurança de Contratar**, cit., p. 296.

[152] TEIXEIRA. Tarcisio. **Contrato Preliminar Empresarial**, cit., p. 718.

"Nos negócios jurídicos empresariais a previsão da possibilidade de arrependimento nem sempre é recomendável, uma vez que o empresário busca sempre a certeza e segurança nas relações, o que de certa forma uma cláusula de arrependimento pode colocar por terra."

JOSÉ OSÓRIO DE AZEVEDO JÚNIOR[153], por sua vez, considera que:

"O comumente chamado direito de arrependimento não constitui realmente um direito subjetivo autêntico. Mais se qualifica como uma faculdade, um poder, que pode estar presente no conteúdo do direito. Se a faculdade se opõe, de certa forma, ao próprio direito ao qual está vinculada, exige-se sempre um tratamento restritivo.

É o que se verifica em pontos afins com o compromisso de compra e venda, como nas relações de consumo, nas arras, na atividade do corretor. (...)

O tema também aparece quando se trata da existência de devolução das prestações pagas, como visto nos ns. 140 e seguintes retro.

Mas, como já foi acentuado, não se trata de arrependimento puro e simples, imotivado, sendo necessária a presença de circunstâncias humanamente do ponto de vista ético e financeiro, como, por exemplo, a perda de emprego, doença grave, alteração relevante do panorama econômico etc. O puro arrependimento choca-se com o princípio da segurança das relações jurídicas e econômicas."

Em alguns casos, como visto, a inserção da cláusula de arrependimento é relevante, já que pode até mesmo estimular a renegociação de pontos que merecem ser revisitados, tendo em vista que a execução do contrato preliminar como inicialmente pactuado poderia ensejar onerosidade excessiva para uma das partes. Assim, a cláusula de retratação poderia ser usada com o fim de reduzir a disparidade, formada posteriormente à celebração do contrato preliminar.

Diante do exposto, constata-se que a extinção do contrato preliminar pode-se dar de diversas formas, sendo que em algumas delas, como a fixação de prazo e o exercício do direito de arrependimento, deve-se atentar para os riscos existentes e as vicissitudes de cada situação, sempre considerando a situação prática e as consequências para o negócio como um todo.

---

[153] AZEVEDO JÚNIOR, José Osório de. **Compromisso de Compra e Venda.** 5ª edição. São Paulo: Malheiros, 2006, p. 288.

2.7. Considerações sobre figuras afins

2.7.1. Contrato preliminar e negociações preliminares

Além disso, também deve ser notada a diferenciação entre as negociações preliminares, ou tratativas preliminares, do contrato preliminar. Muitos confundem as figuras, mas não há o que confundir. Isso porque, na fase de negociações preliminares (também conhecida como fase de puntuação), existem apenas convites de parte a parte para negociar. As avaliações do negócio são ainda superficiais (mesmo quando escritas), sem a criação de obrigações para as partes.[154]

As tratativas são meras expectativas para a realização do contrato, buscando-se um ponto de equilíbrio para que seja possível a elaboração do contrato preliminar, o qual já deverá conter os requisitos essenciais (com exceção da forma) do contrato definitivo, ou mesmo que seja possível a elaboração direta do contrato definitivo.

As tratativas ou negociações preliminares consistem em simples conversações prévias, debates, sondagens e estudos de interesses; nesta fase da formação do contrato as partes trocam impressões, formulam hipóteses e indagam sobre a situação econômico-financeira da outra parte, sem que haja qualquer vinculação jurídica contratual para os participantes.

O principal objetivo desta fase da formação do contrato é preparar o consentimento das partes para a celebração de um contrato futuro, que pode até mesmo ser efetuada simultaneamente com diversas pessoas, culminando a contratação com aquela que oferecer as melhores condições para celebração do negócio.

Em princípio, é possível que as partes desistam de dar continuidade às negociações preliminares. Se a desistência for consensual, não há qualquer restrição e o contrato não é celebrado. Eventual responsabilidade, inclusive perante terceiros, poderá eventualmente ser analisada. É possível, também, que uma das partes recue de sua intenção de contratar durante as negociações preliminares, quando já se tenha elaborado algum tipo de

---

[154] "Com o contrato-promessa, na verdade, as partes não se obrigam simplesmente a prosseguir as negociações (permanecendo firmes os eventuais acordos já alcançados), mas obrigam-se, sem mais, a concluir um contrato com um certo conteúdo". In ROPPO, Enzo. **O Contrato**, cit., p. 102.

documento (um projeto ou minuta), colocando, por escrito, alguns pontos relacionados ao conteúdo do eventual contrato futuro.

Neste último caso, deverá ser feita uma análise apurada das informações fornecidas de parte a parte, especialmente com relação (a) à essencialidade ou completude de tais informações ou, ainda, elementos previamente acordados entre elas, gerando alguns direitos, obrigações e expectativas futuras; e (b) a informações sigilosas e que podem ser consideradas segredo de indústria/comércio, sendo certo que o uso indevido de informações sigilosas pode configurar responsabilidade civil por parte daquele que usou indevidamente da informação confidencial e dada em confiança pela outra parte.

É usual que durante a fase das negociações preliminares, as partes procurem resguardar as informações de caráter sigiloso, solicitando reciprocamente que assinem os chamados acordos de sigilo ou acordos de confidencialidade, que são instrumentos destinados a proteger e resguardar determinadas informações de cada parte, prevendo tais ajustes a cominação de penas para o seu eventual descumprimento por qualquer delas. Além disso, é também usual que sejam celebrados alguns documentos que sirvam apenas para definir alguns pontos básicos de negociação ou que sirvam para comprovar a evolução das negociações, ainda que de forma embrionária, sem que se configure a celebração de um contrato, por falta dos seus requisitos essenciais.

Apesar de faltar obrigatoriedade contratual às negociações preliminares, os participantes devem estar atentos para não induzir a outra parte, ainda que culposamente, a ter expectativa de que o negócio será celebrado, levando-a a incorrer em despesas, ou a deixar de contratar com terceiros ou, ainda, a alterar os planos da sua atividade imediata, tornando os esforços empenhados e as informações trocadas totalmente inúteis[155].

Nessa hipótese, parece ser possível que a parte prejudicada, conferindo certa relevância jurídica às negociações preliminares, venha a postular o direito de reparação por responsabilidade civil do participante que a induziu a crer na iminência do negócio aventado, tendo dele subitamente desistido, de forma injustificada.

---

[155] BIANCA, C. Massimo. *Diritto Civile – Il Contrato*, cit., p. 161

Eventual responsabilização civil, nesta fase da formação do contrato, refere-se exclusivamente à responsabilidade extracontratual (aquiliana)[156] – artigos 186[157] e 927[158] do Código Civil – tendo em vista que ainda não há um contrato que poderia gerar responsabilidade contratual sobre a parte que causou o dano. Apesar de não haver contrato, a boa-fé objetiva, necessária em todas as relações negociais, deve ser aplicada às partes, cumprindo-se o dever de lealdade, correção e cooperação que se espera de partes que iniciam uma negociação.

Nesse sentido, confira-se ensinamento de C. MASSIMO BIANCA[159]:

> *"In conclusione, la responsabilità precontratualle indica la responsabilità per lesione dell'altrui liberta negoziale realizzata mediante um comportamento doloso o colposo ovvero mediante l'inosservanza del precetto di buona fede."*

Nota-se que, por comprovada ausência de boa-fé de uma das partes nas negociações preliminares, o prejudicado teria somente o direito de exigir reparação do dano sofrido, nunca o de exigir o cumprimento do contrato futuro, uma vez que a recusa de contratar constitui exercício regular de direito, cabendo, quando muito, reparação por perdas e danos extracontratuais.

ORLANDO GOMES[160] prevê que não há vinculação obrigacional das partes durante a fase de negociações preliminares. De fato, reconhece-se que esses entendimentos têm por objetivo somente permitir que as partes analisem a viabilidade do negócio e seus interesses, sem se vincularem desde logo. Trata-se de um processo de mútuo conhecimento em que não são assumidas obrigações capazes de vincular as partes.

É mister notar, todavia, que a ausência de vinculação das tratativas preliminares não reduz a relevância fática e jurídica desse momento da

---

[156] "Em conclusão, a responsabilidade pré-contratual indica a responsabilidade por lesão de outra liberdade negocial realizada mediante um comportamento doloso ou culposo havido mediante a inobservância do preceito de boa-fé." – tradução livre do autor. BIANCA, C. Massimo. *Diritto Civile – Il Contrato*, cit., p. 161

[157] "Art. 186. Aquele que, por ação ou omissão voluntária, negligência ou imprudência, violar direito e causar dano a outrem, ainda que exclusivamente moral, comete ato ilícito."

[158] "Art. 927. Aquele que, por ato ilícito (arts. 186 e 187), causar dano a outrem, fica obrigado a repará-lo."

[159] BIANCA, C. Massimo. *Diritto Civile – Il Contrato*, cit., p. 161.

[160] GOMES, Orlando. **Contratos**, cit., p. 58 e 61

fase pré-contratual. Isso porque, com base nessa análise preliminar e no conhecimento mútuo, é possível se averiguar eventuais problemas financeiros, aspectos mais específicos do negócio que se pretende transacionar, entre outras questões que podem ser verificadas durante essa fase inicial de negociação.

Durante essa fase preliminar de tratativas, portanto, é possível que se depreenda que uma das partes criou certa expectativa, despendeu valores para a realização do contrato e que, caso o negócio não se concretize, essa parte venha a sofrer danos que podem ser de grande monta. Nesta hipótese, ter-se-ia a possibilidade de se obter indenização, com fundamento na frustração da expectativa de direito criada. Ao analisar essa situação, KARL LARENZ[161] considera que:

> *"Es válido no sólo para obligaciones ya contraídas, sino también en la fase de negociaciones contractuales iniciales, así como en relaciones jurídicas especiales de todo tipo. Cada participante esta obligado a tratar sus legítimas esperanzas, suministrarle las informaciones, conducirse lealmente. Es ilícito el ejercicio de un derecho cuando infringe la "buena fe", debido, por ejemplo, a que se contrapone a la legítima expectativa de la otra parte".*

A minuta ou documento preliminar que não configure consentimento das partes, ainda é considerado documento oriundo da fase de negociações preliminares, não podendo, pois, ser equiparado aos contratos preliminares, objeto do presente estudo. No contrato preliminar, como já mencionado anteriormente, há o mútuo consentimento para a celebração de contrato futuro, com a vinculação das partes por meio de obrigação contratual, e até mesmo com a possibilidade de execução forçada dessa obrigação, em caso de não cumprimento por qualquer das partes.

---

[161] É válido não somente para obrigações já contraídas, senão também na fase de negociações contratuais iniciais, assim como nas relações jurídicas especiais de todo tipo. Cada participante está obrigado a tratar suas legítimas esperanças, fornecer as informações, a se comportar de forma leal. É ilegal o exercício de um direito quando infringe a 'boa-fé', devido, por exemplo, a que se contrapõe à legítima expectativa da outra parte." – tradução livre do autor LARENZ, Karl. *Derecho Civil – Parte General*. Caracas: EDERSA, 1978, p. 59 – Tradução da 3ª edição alemã da obra *Allgemainer Teil der Deutschen Bürgerlichen Rechts, C.H. Beck'sche Munich*.

Para WALDÍRIO BULGARELLI[162], o que diferenciaria os acordos provisórios dos contratos preliminares seria o caráter eventual dos primeiros. Os acordos provisórios criariam um vínculo obrigacional eventual, que só surgiria, realmente se fosse celebrado o contrato em vista. O contrato preliminar, ao contrário, criaria um vínculo definitivo. No mesmo sentido é o entendimento de J.X. CARVALHO DE MENDONÇA[163], que afirma que as tratativas e as minutas não gerariam qualquer responsabilidade para a parte que causasse a ruptura nas negociações.

Diante disso, constata-se que há efetiva e necessária diferenciação entre os pactos provisórios, oriundos da fase de negociações preliminares, e os contratos preliminares, oriundos da fase pré-contratual mais evoluída e que gera vínculo obrigacional para as partes.

Tratativas ou Negociações Preliminares

-Ausência de vínculo

-Responsabilidade extracontratual em caso de inadimplemento

-Impossibilidade de execução forçada

Contrato Preliminar

-Existência de vínculo

-Responsabilidade contratual

-Possibilidade de execução forçada ou indenização

2.7.2. Contrato preliminar e opção

O contrato preliminar distingue-se, também, do contrato de opção. Como o contrato preliminar, o contrato de opção também prevê um contrato definitivo, com a diferença que no contrato preliminar há a obrigação de celebrar novo contrato, enquanto que na opção o contrato definitivo apenas de aperfeiçoa com a simples aceitação do optante. ORLANDO GOMES[164] considera que: "a promessa unilateral de contrato chama-se, impropriamente, de opção". Ao analisar a figura da opção, MARISTELA BASSO[165] considera que tal figura:

---

[162] BULGARELLI, Waldírio. **Contratos Mercantis**. 5ª ed. São Paulo: Atlas, 1990, p. 113.
[163] MENDONÇA, J.X. Carvalho. **Tratado de Direito Comercial Brasileiro**, cit., p. 458.
[164] GOMES, Orlando. **Contratos**, cit., p. 162
[165] BASSO, Maristela. **Contratos Internacionais do Comércio: Negociação, Conclusão, Prática**, cit.,p. 269.

"visa a constituir uma relação jurídica que nascerá com a aceitação do optante, não sendo necessária outra manifestação do proponente. Deve, portanto, a oferta contida no pré-contrato de opção ser firme e precisa, bastando, para aperfeiçoar o contrato, a simples aceitação do oblato."

Nota-se, pois, que o contrato preliminar deve ser seguido por outro contrato, o definitivo, enquanto a opção já contém, em si, o contrato definitivo, sem qualquer necessidade de se estipular outro contrato. Em vista disso, a diferença básica entre os dois tipos de contratos consiste substancialmente na conclusão do contrato definitivo.

Ao contrato preliminar deverá necessariamente seguir um contrato definitivo, enquanto que a opção conduzirá diretamente ao contrato definitivo (cujo regulamento já está nele contido) somente na hipótese em que o titular do direito de opção assim o decidir.

Confira-se entendimento de TARCISIO TEIXEIRA[166] a esse respeito:

"São partes do contrato de opção o promitente, que se obriga a celebrar o contrato futuro nas condições previamente ajustadas, e o promissário, que pode com seu consentimento fazer surgir o contrato em análise. O contrato de opção tem os mesmos efeitos que a proposta irrevogável, no entanto, a opção tem origem bilateral.(...) Assim, não tem o promitente uma prestação a cumprir, estando definitivamente vinculado à celebração do contrato futuro, ao promissário assiste um direito potestativo de fazer surgir o contrato (...) No contrato de opção, o objeto consiste na faculdade de uma das partes fazer, sozinha, surgir um novo contrato, enquanto que para a outra parte trata-se de um negócio jurídico irrevogável."

Segundo PAULO NADER[167]:

"A doutrina registra uma figura jurídica que se aproxima da promessa unilateral: o contrato de opção, previsto, inclusive, no art. 1331 do Código Civil italiano. Enquanto na promessa as partes se obrigam à celebração de um pacto principal, pois obriga o concedente a manter as condições oferecidas, cabendo ao optante aceitá-las ou não. Se a opção for positiva, o contrato deixa de ser unilateral para tornar-se bilateral, pois o optante passa a assumir as

---

[166] TEIXEIRA. Tarcisio. **Contrato Preliminar Empresarial**, cit., p. 716.
[167] NADER, Paulo. **Curso de Direito Civil**, cit., p. 160-161.

CONTRATO PRELIMINAR

obrigações decorrentes do acordo de vontades. Em decorrência do caráter definitivo do contrato de opção, o optante poderá exigir o adimplemento, fato este que singulariza o tipo contratual, como assinala Gonzalez Poveda: *'El contrato de opción presenta, sobre todo, la característica esencial, que le hace inconfundible com todo genero de precontrato, en virtud de La que El optante puede exigir judicialmente El cumplimiento del contrato, y no meramente su celebración.'* Tendo em vista a definitividade do contrato de opção, este deve apresentar todas as cláusulas ajustadas, diferentemente da promessa, que pode limitar-se ás normas principais."

O beneficiário do direito de opção (optante) é livre para estipular o contrato, mas se aceita fazê-lo não é necessário – como no contrato preliminar – um posterior consenso do outro contratante; o contrato se aperfeiçoa com a aceitação do optante, ato que é suficiente para fazer surgir a relação contratual final. Requer-se, no entanto, que o pacto de opção tenha a forma e os requisitos necessários do contrato definitivo, enquanto o contrato preliminar não requer forma específica, conforme mencionado anteriormente.

Opção:	Contrato Preliminar:
-o consenso já existe e apenas se aperfeiçoa com o exercício da opção pelo beneficiário (optante)	-existe apenas a intenção de celebrar outro contrato
-já contém, em si, o contrato definitivo	-requer a celebração de um contrato definitivo
-caráter definitivo	-caráter provisório

2.7.3. Contrato preliminar e minutas

Conforme já mencionado, raramente, nas negociações complexas, os contratos se formam instantaneamente. É comum que as partes discutam as cláusulas do contrato que está sendo negociado, bem como as condições essenciais e também as condições secundárias. Durante essa fase de negociação, as partes redigem escritos, apontamentos, minutas e correspondências, nos quais são retratados os pontos negociais já acertados durante a fase de negociações preliminares, sem a vinculação das partes.

Esses documentos, em especial as minutas de contrato, na sua grande maioria, ainda não dispõem de todos os requisitos essenciais do contrato definitivo e podem sofrer mudanças a todo tempo, em todas suas disposições, sem que haja prejuízo para qualquer das partes[168].

ABEL DELGADO[169], ao tratar do assunto, prevê o seguinte:

> "A minuta ou punctuação não é mais do que um projecto, um apontamento, uma nota; é, afinal, um escrito donde constam os termos, as condições em que as partes assentaram acerca do contrato a realizar; tratar-se-á, com é bem de ver, dum simples projecto sem eficácia vinculativa e, então, as minutas não são mais do que as negociações preliminares reduzidas a escrito."

É possível, no entanto, que a minuta venha a conter todos os requisitos de um contrato definitivo, chegando até mesmo a haver assinatura das partes (mesmo como minuta). Nesses casos, estar-se-á diante de um documento que poderá até mesmo vir a ser considerado como contrato definitivo (se não exigida forma solene), mas não poderá ser considerado como contrato preliminar, já que o objeto seria o mesmo do contrato definitivo, e não o objeto de um contrato preliminar.

MARIANA MENDES MEDEIROS[170] confirma esse entendimento ao citar, em seu estudo, a posição do artigo 885 do Código Civil austríaco: "Se ainda não foi redigido o ato formal do contrato, mas foi redigida e firmada pelas partes uma minuta dos pontos principais, esta minuta estabelece imediatamente os direitos e as obrigações nela expressos."

Vale notar que, para a minuta de contrato solene, assinada pelas partes, vir a ser considerada como sendo contrato preliminar, exigem-se ao menos duas condições: (a) que tenha conteúdo de contrato preliminar (promessa de concluir outro contrato no futuro); e (b) que as partes tenham assinado

---

[168] "o escrito que contenha acordo sobre um determinado ponto, ainda que essencial. (por ex., obrigação de arrendar um prédio), é apenas a revelação de uma vontade fragmentária, insuscetível de compor um negócio como tal". FRANKE, Walmor. **Notas Sobre Pré-Contrato**, cit., p. 50.

[169] DELGADO, Abel. **Do Contrato-Promessa**, cit., p. 25.

[170] MEDEIROS, Mariana Mendes. **Contratos Preliminares**, p.13. In **Direito do Comércio Internacional: Pragmática, Diversidade e Inovação**. Organizado por BASSO, Maristela; ZAITZ, Daniela e PRADO, Maurício Almeida, São Paulo: Juruá, 2005.

o documento com a intenção de pré-contratar. Nesse sentido, confira-se explicação de WALMOR FRANKE[171]:

> "se a minuta não é de pré-contrato, se ela não contém uma promessa de concluir determinado negócio, mas é a minuta do próprio negócio substancial visado pelos interessados, (por ex. minuta de um contrato de compra e venda de imóvel) (...), não nos parece possível transformar, sem mais, essa minuta do negócio substancial em pré-contrato desse negócio. A minuta de um contrato solene, assinada pelas partes, considerada em si mesma, parece-nos que indica apenas que elas tiveram a intenção de deixar estabelecido como iriam contratar, quando viessem a contratar; não, porém, que tenham querido concluir um pré-contrato."

Nota-se, pois, que as minutas têm o condão de reduzir a termo as negociações já feitas pelas partes durante a fase de negociações preliminares, sem a intenção de vincular as partes. Quando há, todavia, a intenção de vincular as partes, estas assinam as minutas dos contratos, conferindo a elas força vinculante equiparada ao contrato definitivo, e não ao contrato preliminar, pelo seu próprio conteúdo. Assim, não há que se falar em equiparação entre minuta e contrato preliminar.

Minutas:	Contrato Preliminar:
-intenção de reduzir a termo a evolução das negociações preliminares, sem a intenção de vincular as partes -se houver assinatura das partes e conteúdo suficiente para celebração do contrato definitivo, será considerado celebrado o contrato definitivo	-vincula as partes para celebração de contrato futuro definitivo -deve haver assinatura das partes, mas tem objeto diverso do contrato definitivo

2.7.4. Contrato preliminar e carta de intenção

Não é raro encontrar estudiosos da matéria fazendo menção à carta de intenção como exemplo de contrato preliminar. No entanto, são figuras jurídicas diversas e têm efeitos distintos. Em verdade, a grande distinção

---

[171] FRANKE, Walmor. **Notas Sobre Pré-Contrato**, cit., p. 61.

entre a carta de intenção e o contrato preliminar tem por base a diversidade de efeitos, conforme ensina JUDITH MARTINS COSTA[172]:

> "(...) por essas razões, a distinção entre as duas figuras – pré-contrato e cartas de intenção – é tão relevante quanto tormentosa: os efeitos de um e de outras serão completamente diversos, mas, em grande parte dos casos, só o exame da situação concreta permitirá a correta qualificação".

Com já mencionado anteriormente, o contrato preliminar é um tipo de contrato que estabelece a obrigação de realizar outro contrato. Como tal, dá direito à parte prejudicada de exigir o cumprimento da obrigação da outra parte, ou seja, comporta a execução específica (sem prejuízo do direito da resolução em perdas e danos). A carta de intenção, por sua vez, não confere direitos, pois, em princípio, não obriga as partes a realizar um negócio ou contrato. Em verdade, a carta de intenção é uma das formas de instrumentalização da fase de negociações preliminares, mas pode, dependendo do caso, assumir ou exercer a função de contrato preliminar. Nesse sentido, confiram-se abaixo os respectivos entendimentos de LUIZ OLAVO BAPTISTA[173] e de MARISTELA BASSO[174]:

> "(...) da amplitude da liberdade de negociar e de redação decorre natural-mente a variedade de modelos e finalidade da carta de intenção, que torna difícil sua conceituação rígida".
>
> * * *
>
> "(...) são na verdade 'contratos de negociação', 'documentos preparatórios' ao contrato definitivo, nos quais as partes procuram, por exemplo, fixar os pontos já acordados, consagrar acordos sobre os elementos essenciais do futuro contrato, fixar prazo dentro do qual as negociações devem realizar etc. (...) tudo depende, portanto, de como está redigida a carta de intenção do seu conteúdo, de sua forma e fundo. Por isso é difícil a generalização, já que estamos no reino da autonomia da vontade. (...) é importante que não sejam confundidas com 'promessa de contrato' assim como com 'contrato definitivo'.

---

[172] COSTA, Judith Martins. **Contratos Internacionais – Cartas de Intenção no Processo Formativo da Contratação Internacional** – Graus de Eficácia dos Contratos – Responsabilidade Pré-Contratual. Revista Trimestral de Direito Público, n. 5, p. 212.

[173] BAPTISTA, Luiz Olavo. **Dos Contratos Internacionais** – Uma Visão Prática e Teórica. São Paulo: Saraiva, 1994, p. 97.

[174] BASSO, Maristela. **As Cartas de Intenção ou Contratos de Negociação**, cit., p. 44.

CONTRATO PRELIMINAR

Vale observar que pode acontecer, na prática, que as partes celebrem uma carta de intenção na qual acordam acerca de todos os elementos essenciais do contrato, deixando para um futuro acordo somente os elementos secundários. Nesses casos, não raros, cabe verificar se tais elementos secundários são de fato marginais, ou seja, não representam, para uma das partes, pontos substanciais. Caracterizado que são realmente sobre a *essentialia negotii*, significando um verdadeiro contrato, independentemente da terminologia usada pelas partes."

Denota-se que existem situações em que a carta de intenção contém os elementos essenciais do contrato definitivo, mas sem a intenção de comprometer-se desde logo, deixando para o futuro a definição dos "elementos secundários", quando então será celebrado o contrato definitivo. Nessa situação, a carta de intenção se assemelhará ao contrato preliminar e assim deverá ser considerada. Existem situações, no entanto, em que a carta de intenção limita-se apenas a refletir a evolução das negociações preliminares, sem a intenção de vincular as partes. Nessa situação, a carta de intenção é apenas uma forma de instrumentalização da fase de negociações preliminares.

Assim, dependendo da forma e do objeto da carta de intenção, pode-se ou não estar diante de um contrato preliminar (que vincula as partes, especialmente com relação à obrigação de celebração de um contrato futuro) ou de um documento que reflita apenas as negociações preliminares (que não vincula as partes e não obriga a celebração futura).

A despeito das discussões acerca da terminologia, grande parte das cartas de intenção usadas nas negociações complexas, i.e., operações societárias: fusões, aquisições, cisões, criação de *joint ventures*, estruturação de *project finance*, entre outras, contém conteúdo de contrato preliminar por estipular que, dentro de determinado prazo e sob determinadas condições, novos contratos deverão ser celebrados para que sejam estabelecidas as novas condições societárias, o número de sócios e suas participações na sociedade, o valor das quotas ou ações, as obrigações de cada sócio e também da sociedade, as formas de financiamentos, os investimentos a serem feitos, entre outros diversos direitos e obrigações que serão objeto de vários novos contratos. Nesses casos, estar-se-á diante de um contrato preliminar, ainda que o termo carta de intenção não seja usado dentro de um esperado rigor de denominação.

Carta de Intenção:	Contrato Preliminar:
-sem vínculo	-com vínculo
-não obriga celebração de contrato futuro	-obriga celebração de contrato futuro
-reflete apenas evolução das negociações preliminares	-estabelece obrigações preliminares e essenciais do contrato futuro

2.7.5. Contrato preliminar e contrato com pessoa a declarar

Assim como o contrato preliminar, o contrato com pessoa a declarar é uma inovação em nossa legislação. Ambas as figuras foram trazidos pelo Código Civil de 2002. O contrato com pessoa a declarar está previsto nos artigos 467 a 471, logo depois da previsão do contrato preliminar. A proximidade das figuras jurídicas chama a atenção e, por isso, sua distinção, ainda que efetuada de forma sucinta, merece destaque sempre que se analisa o contrato preliminar.

O contrato com pessoa a declarar é aquele em que um dos contratantes, quando da celebração do contrato, faculta-se o direito de indicar uma outra pessoa que ocupará sua posição como contratante, com os respectivos direitos e obrigações (artigo 467 do Código Civil de 2002). Confira-se entendimento de NELSON ROSENVALD[175] sobre o tema:

> "O contrato com pessoa a declarar é aquele em que uma das partes se reserva a faculdade de designar uma outra pessoa que assuma a sua posição na relação contratual, como se o contrato fosse celebrado com esta última. Pela cláusula *electio amici*, uma das partes originárias pactua a sua substituição, comprometendo-se a outra parte a reconhecer o *amicus* como parceiro contratual. Ao tempo da escolha, o estipulante é substituído no polo da relação contratual em caráter *ex tunc*, como se jamais houvesse integrado a avença."

Alguns autores consideram o contrato com pessoa a declarar como uma forma excepcional de formação do contrato, já que foge à regra da contratação, que é a identificação das partes contratantes[176]. Algumas

[175] ROSENVALD, Nelson. **Código Civil Comentado**, cit., p. 361.
[176] BÉO, Cíntia Regina. **Contratos.** São Paulo: Harbra, 2004, p. 80-81.

exigências temporais e de forma são impostas pela legislação para que a pessoa indicada possa assumir, no futuro e de forma lícita, a condição de contratante, ao tomar o lugar da pessoa que contratou originalmente. Esse tipo de contrato é normalmente usado para casos em que o comprador originário adquire um bem de forma especulativa ou como intermediário, com a intenção de revenda em um curto espaço de tempo, adota este tipo de contrato para que o bem já seja transferido diretamente para o novo comprador, que se tornará proprietário de forma mais célere e sem os encargos e custos decorrentes de duas transferências.

Outra situação a ser considerada seria no caso de compra de uma sociedade por outra que, por questões estratégicas ou de sigilo, não pode aparecer no momento da celebração do contrato. Neste caso, a empresa compradora se socorre de terceiro até que ela possa efetivamente aparecer como compradora da sociedade negociada.

Em verdade, o contrato com pessoa a declarar é muito usado em contratos preliminares. Alguns consideram que o correto seria dizer que o contrato com pessoa a declarar seria uma espécie de contrato preliminar ou que o contrato com pessoa a declarar somente poderia ser operado por meio do contrato preliminar, como prevê TARCISIO TEIXEIRA[177]:

> "O contrato com pessoa a declarar é muito utilizado nos contratos preliminares, por exemplo, no difundido compromisso de compra e venda de imóvel, cujo compromissário comprador reserva-se na faculdade de indicar outra pessoa para qual a transferência da propriedade será feita, por ocasião da escritura definitiva. Talvez o ideal fosse que o contrato com pessoa a declarar fosse uma espécie de contrato preliminar, ou melhor, o contrato com pessoa a declarar só poderia ser operado no contrato preliminar."

De fato, o contrato com pessoa a declarar não deixa de ser um contrato que tem uma reserva/faculdade para uma complementação futura, qual seja, a indicação de um substituto da parte na relação contratual.

Assim, embora sejam figuras distintas, com regulação diversa pela legislação, há semelhança entre eles, já que em ambos os casos ainda estão ausentes todos os elementos necessários para a concretização do contrato

---

[177] TEIXEIRA, Tarcisio. **Contrato Preliminar Empresarial**, cit., p. 737-739.

definitivo[178]. No contrato preliminar há ausência de requisitos secundários para que se celebre o contrato definitivo, o que leva as partes a celebrarem o contrato preliminar para que, posteriormente, celebrem o contrato definitivo. Já no contrato com pessoa a declarar, está pendente a decisão quanto à pessoa que fará parte do contrato, requisito essencial para a celebração do contrato definitivo, o que somente será conhecido no futuro.

Contrato com pessoa a declarar:	Contrato preliminar:
-requisitos necessários para a celebração do contrato definitivo -contrato com reserva futura para indicação de um substituto para o lugar do contratante original.	-com vínculo -obriga celebração de contrato futuro -estabelece obrigações preliminares e essenciais do contrato futuro

2.7.6. Contrato preliminar e condição suspensiva

A condição consiste numa cláusula contratual por meio da qual as partes subordinam o efeito do negócio jurídico a um evento futuro e incerto, nos termos do artigo 121 do Código Civil de 2002. A condição suspensiva é uma espécie de condição e tem seu conceito retirado do artigo 125 do Código Civil de 2002. Neste tipo de contratação, a eficácia do negócio jurídico dependerá da ocorrência da referida condição, que consiste em evento futuro e incerto.[179]

Aparentemente há uma semelhança entre a condição suspensiva e o contrato preliminar, já que em ambos os casos as partes acertam, no presente, uma contratação futura. Ocorre, no entanto, que a condição suspensiva é uma cláusula contratual, enquanto o contrato preliminar é um instrumento autônomo.

---

[178] TEIXEIRA, Tarcisio. **Contrato Preliminar Empresarial**, cit., p. 739.

[179] "Conceito de condição: Condição é a cláusula que subordina o efeito do negócio jurídico, oneroso ou gratuito, a evento futuro e incerto (RT, 688/80, 484/56)." In DINIZ, Maria Helena. **Código Civil Comentado.** Coords. Ricardo Fiúza e Regina Beatriz Tavares da Silva. 6ª ed. São Paulo: Saraiva, 2008, p. 115.

CONTRATO PRELIMINAR

Nesse sentido, confira-se entendimento de PAULO NADER[180]:

"Também não se confundem contrato preliminar e o contrato sob condição suspensiva. Naquele os elementos constitutivos encontram-se presentes e as partes se sujeitam à realização do segundo contrato independentemente de qualquer novo acontecimento, salvo o transcurso do prazo estipulado. Já no contrato sob condição suspensiva, os efeitos previstos somente ocorrerão caso se verifique o acontecimento futuro e incerto."

Além disso, para que as partes possam se utilizar do contrato preliminar, não há a necessidade de se observar a forma do contrato definitivo, que, por vezes, requer formalidades excessivas, como ocorre no caso da compra e venda imobiliária, a qual requer a celebração por meio de escritura pública.

Da mesma forma se dá a transferência de quotas ou ações de uma sociedade, com a regular averbação na Junta Comercial. Já no caso do uso da cláusula com condição suspensiva, requer-se que as partes celebrem o contrato definitivo, com todos os seus requisitos essenciais e secundários previstos em lei, o que impõe uma formalidade extra para as partes.

Sobre esse tema, TARCISIO TEIXEIRA[181] tece as seguintes considerações:

"Na condição suspensiva, enquanto a condição não ocorre, há apenas uma expectativa de direito ou possibilidade de adquirir um direito, ou seja, o negócio fica suspenso. Diferente da outra espécie de condição: a condição resolutiva, onde o negócio se aperfeiçoa de imediato, todavia sujeito a se desfazer se ocorrer à condição (evento futuro e incerto).

Então, lançamos a questão: Por que não utilizar a condição suspensiva (a princípio mais simples) em vez de contrato preliminar? Aparentemente a condição suspensiva supriria a necessidade que se busca pelo contrato preliminar. No entanto, se analisarmos a questão do ponto de vista da forma do negócio jurídico, ao utilizar-se do contrato preliminar as partes podem contratar sem a necessidade de observar a forma do negócio jurídico definitivo, por exemplo, numa compra e venda de imóvel que se requer escritura pública, ao se socorrer do contrato preliminar pode utilizar o instrumento particular.

---

[180] NADER, Paulo. **Curso de Direito Civil,** cit., p. 160.
[181] TEIXEIRA, Tarcisio. **Contrato Preliminar Empresarial,** cit., p. 732-733.

Já sendo a condição uma cláusula de um contrato, este estará sujeito à forma prevista em lei, ou seja, na mesma compra e venda de imóvel, se as partes optarem por cláusula de condição suspensiva, terão de efetuar a escritura pública (com todos os seus ônus financeiros e burocráticos), sob pena de nulidade do negócio jurídico, conforme prevê o art. 166, inc. IV do Código Civil".

Outra questão a ser considerada diz respeito ao uso do contrato preliminar quando as partes ainda não estão, por qualquer motivo que seja, em condições plenas de celebrar o contrato definitivo e, por isso, usam o contrato preliminar como garantia de que o negócio será realizado no futuro, assim que as partes estiverem em condições. Isso não seria possível com o uso exclusivo da condição suspensiva, já que para sua aplicação o contrato definitivo deveria estar celebrado, ou seja, não poderia haver qualquer limitação para a celebração do contrato definitivo. O autor, acima mencionado[182], apresenta o seguinte entendimento:

"Outra questão que faz o empresário optar por utilizar-se do contrato preliminar à condição suspensiva é fato de que, o negócio jurídico que se tem em vista não depende de um fato futuro e incerto exclusivamente. Mas sim pelo fato de que a efetivação do negócio não é imediata por faltar algum elemento da contratação definitiva, ou por mera liberalidade das partes ou por questões de estratégia de mercado (além da vantagem e da possibilidade da execução específica em caso de inadimplemento)"

Constata-se, pois, que embora exista uma aparência de identidade entre a condição suspensiva e o contrato preliminar, as figuras jurídicas são diversas, especialmente porque a condição suspensiva é uma cláusula inserida em um contrato definitivo, o qual já contém todos os requisitos (essenciais e secundários), enquanto o contrato preliminar é um negócio jurídico autônomo, ou seja, é o contrato, mas ainda não conta com todos os requisitos, nem com o fim de viabilizar a celebração de um contrato definitivo no futuro.

---

[182] TEIXEIRA, Tarcisio. **Contrato Preliminar Empresarial**, cit., p. 732-733.

Condição suspensiva:

-cláusula inserida em um contrato definitivo

-já há um contrato definitivo

-objeto do contrato não é celebrar novo contrato

Contrato Preliminar:

-trata-se de um contrato que tem como objeto a celebração de outro contrato, o contrato definitivo

-não se trata de uma cláusula inserida em um contrato

-ainda não há um contrato definitivo

3. O negócio complexo e o contrato preliminar

3.1. Os negócios jurídicos considerados complexos

O negócio jurídico pode ser considerado simples ou complexo, dependendo da situação fática e jurídica envolvida. O negócio complexo tem como fundamento a complexidade de sujeito, de objeto ou de manifestação da vontade.[183] A complexidade do negócio jurídico não pressupõe a existência de diversos negócios jurídicos em conjunto. Um único negócio pode ser considerado demasiado complexo, assim como diversos negócios interligados também podem gerar grande complexidade negocial[184].

A pluralidade de sujeitos que prometem a mesma prestação, ainda que em momentos diversos, por impossibilidade de estarem presentes em conjunto no mesmo ato, transforma a relação negocial simples em relação negocial complexa. A pluralidade de prestações, com reflexos econômicos, desde que desempenhem papéis relevantes na relação jurídica, torna-a complexa. Da mesma forma, a pluralidade de manifestações de vontade

---

[183] MIRANDA, Pontes de. **Tratado de Direito Privado**. Tomo III. Rio de Janeiro: Borsoi, 1954, p. 177-180

[184] "A complexidade objetiva dá ensejo a dúvida sobre ser negócio jurídico único ou se terem concluído dois ou mais negócios jurídicos (pluralidade de negócios jurídicos). A confusão entre unidade e unitariedade é responsável por muitos obscurecimentos e erros conceptuais. A complexidade de elementos volitivos pode deixar uno e unitário o negócio jurídico; não assim a complexidade de objeto: ou há negócio jurídico uno (= único) e complexo, ou negócios jurídicos (pluralidade), complexos ou não.". In MIRANDA, Pontes de. **Tratado de Direito Privado**, cit., p. 180.

torna o negócio jurídico mais complexo. Nesse sentido, confira-se entendimento de FRANCISCO PAULO DE CRESCENZO MARINO[185]:

> "A pluralidade de sujeitos implica a complexidade negocial, e não a pluralidade de negócios, quando as diversas pessoas 'prometem a mesma prestação', ainda que em momentos distintos, por impossibilidade de estarem juntas no mesmo ato; quando as prestações dos diversos figurantes 'estão intimamente ligadas ao todo econômico'; e quando a natureza do negócio assim o impõe.
>
> No tocante à pluralidade de prestações, o critério relevante diz respeito ao 'fim e à importância econômica das duas ou mais prestações'. Se uma das prestações desempenhar 'papel simplesmente facilitador', tal como a construção ou a feitura da coisa, na compra e venda de coisa futura ou sob encomenda, ter-se-á negócio único e unitário. Em outra hipótese, haverá negócio objetivamente complexo.
>
> Por fim, a pluralidade de manifestações de vontade (pluralidade volitiva) é compatível tanto com a complexidade quanto com a simplicidade negocial. Dá-se quando há manifestações de vontade do mesmo sujeito, desde que diversas, ou quando mais de um sujeito realiza distintas manifestações de vontade. Na hipótese de mais de um sujeito concorrer para a mesma manifestação de vontade, haverá pluralidade subjetiva, porém simplicidade (unitariedade) volitiva, isto é, uma só manifestação de vontade. É o caso das deliberações em assembleias, que não são contratos, porém atos coletivos."

Os negócios jurídicos têm sofrido um aumento considerável em sua complexidade, do ponto de vista da estrutura técnica e também do ponto de vista do conteúdo, em especial no que diz respeito aos direitos e obrigações que as partes assumirão no futuro.

Entre os negócios jurídicos considerados complexos e que podem até mesmo ser classificados como inovadores em nosso ordenamento jurídico (muitos deles importados de sistemas jurídicos internacionais), destacam-se os seguintes tipos de contratos:

Os contratos de *"outsourcing de backbone de rede"* (terceirização da operação de infraestrutura de rede de comunicação e de informática)[186] ou

---

[185] MARINO, Francisco Paulo De Crescenzo. **Contratos Coligados no Direito Brasileiro**, cit., p. 109-110.

[186] FERNANDES, Wanderley; OLIVEIRA, Jonathan Mendes. **Contrato Preliminar: Segurança de Contratar**, cit., p. 276-277.

"interconexão, *unbundling*[187] e compartilhamento de meios de rede de telecomunicações"[188], cujos modelos de contrato não existem expressamente na legislação brasileira, mas que são comumente usados na área de infraestrutura de rede de comunicação e informática.

Os contratos em regime de *"turnkey"*[189] ou *"EPC – Engineering, Procurement and Construction"* não dispõem, como sustentam alguns doutrinadores[190], de correspondente na legislação brasileira, ainda que exista corrente que sustente que tais contratos podem ser inseridos nas regras dos contratos de empreitada por preço global[191].

---

[187] O *unbundling* é o termo utilizado para descrever a desagregação das redes das operadoras de telefonia local, de modo a possibilitar que outros prestadores possam alugar partes destas redes para prover serviço a seus clientes. In http://www.teleco.com.br/comentario/com51.asp.

[188] "As redes de telecomunicações, contudo, não se confundem com os seus elementos técnicos, tomados de forma isolada. Apenas quando estes elementos se combinam para a transmissão de informações é que resta configurada uma rede. Dessa sorte, distingue-se a rede dos elementos materiais que a compõem, ou seja, da infraestrutura (postes, fibras óticas, cabos coaxiais etc.), bem como dos meios imateriais (a chamada inteligência da rede, como os protocolos e programas de computador utilizados no processo de transmissão de informações). A rede é caracterizada, portanto, pelo conjunto determinado por um fluxo de informações sobre meios materiais (infraestrutura) e meios imateriais (inteligência de rede).". LANDER, Gabriel Boavista. **Interconexão, *Unbundling* e Compartilhamento de Meios de Redes de Telecomunicação**. In Revista de Informação Legislativa – RIL, v. 154, p. 43-44.

[189] *"The term turnkey tends to mean the most extreme form of placing design and construction responsibility on the contractor, such that after completion the employer need only to turn the key to commence operation of the constructed facility (...) Where the contractor takes responsibility for the design of the works, the employer's advisors find their involvement limited primarily to the tender process and supervision of contractor's work"*. O termo "turnkey" tende a significar a forma extrema da instrução e responsabilidade da construção no contratado, de tal forma que após a conclusão o empregador precisa somente girar a chave para dar início as operações comerciais na instalação já construída (...) Quando o contratado assume a responsabilidade pela concepção do trabalho, os consultores dos empregadores encontram limitação no seu envolvimento, principalmente relativo ao processo de licitação e supervisão do trabalho do contratado" – tradução livre do autor. In HUSE, Joseph A., ***Understanding and Negotiating Turnkey Contracts***. London: Sweet & Maxwell, 1997, p. 5-6.

[190] NUNES PINTO, José Emilio. **O Contrato de EPC para Construção de Grandes Obras de Engenharia e o Novo Código Civil**. Revista Jus Vigilantibus, publicado em 30 de dezembro de 2002. In http://jusvi.com/artigos/68.

[191] PAIVA, Alfredo de Almeida. **Aspectos do Contrato de Empreitada**. Rio de Janeiro: Revista Forense, 1955, p. 81.

Existem, ainda, os *project finance*[192], que consistem em operações estruturadas de financiamento, visando investimentos, normalmente em projetos de infraestrutura, com destaque para o *EPC*[193], mencionado acima.

[192] *Project finance* é uma modalidade de financiamento garantido pelas receitas, ativos e colaterais (e.g. direitos de concessão) de um projeto específico. CALAZANS VIEIRA, Daniela; GALVÃO KRAUSE, Gilson; PINTO JR., Helder; Q. PERIN SILVEIRA, Joyce. *Project Finance.* In http://www.anp.gov.br/doc/notas_tecnicas/Nota_Tecnica_ANP_007_1999.pdf.

[193] "2. Os EPCs (*Engineering, Procurement and Construction Contracts*), contratos de construção de obras de grande porte, de origem anglo-saxã, guardam, à luz do direito pátrio vigente, pontos em comum com os contratos de empreitada global, sendo de ressaltar que algumas das cláusulas-padrão dos EPCs encontram tratamento legal nas disposições dos contratos de empreitada contidas no Código Civil vigente.

3. A despeito da importância que assumem tais contratos e na medida em que se referem a obras de grande porte, no quadro atual essa importância é ainda maior. A razão dessa maior relevância está no fato dessas operações serem, em sua quase totalidade, financiadas por estruturas do denominado "project finance". De acordo com essas estruturas de financiamento, os financiadores olharão sobretudo para a estabilidade e consistência do fluxo de caixa da empresa financiada. Em outras palavras, não se estará fundamentado no valor dos ativos incorporados ao projeto em si, mas na capacidade atrelada a esses ativos de gerar receitas decorrentes da operação e manutenção do projeto. Essa modalidade de financiamento altera substancialmente a ótica de análise de risco dos financiadores. Assim sendo, quaisquer riscos inerentes ou relativos ao projeto, em geral de grande importância na avaliação dos financiadores, assumem uma importância maior, na medida em que a sua materialização fatalmente afetará a estabilidade e consistência do fluxo de caixa, o que vale dizer – a capacidade de repagamento das obrigações relativas ao empréstimo pelo tomador.

4. Em face de tudo isso, há que se levar em conta a consistência das obrigações e direitos emergentes dos instrumentos contratuais que dão suporte ao projeto – os Contratos do Projeto. Em regra, todos os direitos ou expectativas de direito de que seja o tomador do empréstimo titular são cedidos, imediata ou condicionalmente, aos financiadores, como integrantes desse conjunto de garantias de que se cerca o financiador. Por essa razão, é importante que aludidos contratos outorguem direitos aos financiadores de ingressar no projeto ou no controle operacional deste, exercendo os direitos e as obrigações assumidas originalmente pelo tomador, de forma a evitar ou sanear eventos que possam afetar a consistência e a estabilidade do fluxo de caixa e, no limite, de assegurar a suficiência de fundos para o cumprimento das obrigações decorrentes do financiamento.

5. Em qualquer dessas operações, o patrocinador do projeto costuma contratar um empreiteiro para construir as instalações do projeto. Esse empreiteiro, no jargão mais recente do setor, é chamado de Epcista, numa alusão à parte contratada num contrato dessa natureza e denominado, em inglês, pelo acrônimo de EPC. Considerando que as operações de "project finance" podem ser sintetizadas como tendo como elemento dominante o exercício de determinação, alocação e mitigação de riscos, não há como se ignorar a importância desempenhada em face do patrocinador do projeto e de terceiros pelo contrato de empreitada. A partir da expectativa de conclusão, em certa data, de determinadas instalações, desenvolve-se uma cadeia de direitos

Trata-se, pois, de uma relação extremamente complexa que, na grande maioria das vezes, envolve uma evolução negocial que requer a celebração de acordos prévios durante o processo de formação do contrato ou mesmo acordos que vão se completando ao longo da execução do contrato.

3.2. A complexidade dos negócios e o uso do contrato preliminar

Em se tratando de negócio jurídico complexo, os documentos preliminares são de extrema relevância para que o contrato venha a ser futuramente celebrado. Por meio do contrato preliminar, consolidam-se as conclusões até então pactuadas (durante o *iter* negocial), visando evitar que haja um retrocesso naquilo que já foi acordado ou reabrir discussões para aspectos

e obrigações de natureza variada e em que não necessariamente coincidem as partes. Ou seja: muito embora cada projeto dessa natureza deva ser analisado como um projeto integrado, na realidade e geralmente não o é. Os direitos e obrigações são desencadeados por falhas ou inadimplementos no curso da cadeia de contratantes, gerando, a partir desse evento, direitos e obrigações indenizatórios ou relativos a penalidades. A dificuldade com que se defrontam os que estejam envolvidos em operações dessa natureza é justamente harmonizar cláusulas, direitos e obrigações contidos em diversos instrumentos contratuais, inclusive dos que não sejam partes contratantes.

(...)

Tome-se, por exemplo, a construção de uma usina térmica em que o dono da obra se obriga a fornecer certos materiais ou equipamentos, como seria o caso de turbinas de geração, enquanto ao empreiteiro caberia o fornecimento dos demais materiais e equipamentos e da mão de obra. Quaisquer riscos relativos ou associados à entrega das turbinas estarão a cargo do contratante, enquanto ao empreiteiro caberia assumir os demais riscos relativos ao que se obrigou a fornecer. Essa questão se repete não apenas no Brasil, assim como em outros países. Essa questão se resume na determinação da extensão que o atraso sofrido pelo contratante na entrega das turbinas impediu que o empreiteiro desse continuidade a seu trabalho, numa ou em outras frentes. Além disso, qual a extensão desse atraso no atraso final experimentado pelo empreiteiro e, ainda, como tratar esse atraso se o empreiteiro já estava em mora ou a mora surgiu na intercorrência do atraso do contratante. A situação se torna mais complexa ainda se lembrarmos que, em operações dessa natureza, o empreiteiro é geralmente um consórcio de empresas e não raramente um consórcio internacional. Outro aspecto importante é o fato das dúvidas e questionamentos que possam surgir de parte do fabricante do equipamento, em especial do fato de na montagem o empreiteiro não haver observado adequadamente as instruções do fabricante, alegando-se derivar disso os problemas de funcionamento ou eficiência operacional. (...)" NUNES PINTO, José Emilio. **O Contrato de EPC para Construção de Grandes Obras de Engenharia e o Novo Código Civil**, cit., p. 1-2.

já definidos, e também conferindo força vinculativa (ainda que de forma precária) ao contrato preliminar.

Com isso, o processo de negociação do contrato definitivo passa a conter maior segurança jurídica, especialmente naqueles negócios considerados de extrema complexidade e que exigem diversas fases, partes, objetos, aspectos técnicos, financeiros, políticos, sociais, entre outros, que, por diversas vezes, tornam-se conflituosos entre si e podem impedir a continuidade das negociações. A variação das situações jurídicas é inerente à fase de formação do contrato, mas o contrato preliminar confere às partes o mínimo de segurança necessária para a evolução constante das negociações rumo ao acordo final. SÍLVIO DE SALVO VENOSA[194] considera que:

> "Os contratos, mormente aqueles em que as partes têm plena autonomia de vontade em suas tratativas, são frutos, na maioria das vezes, de ingentes esforços, de conversas longas, de minutas, viagens, estudos preliminares, desgaste psicológico das partes, contratação de terceiros especialistas que opinam sobre a matéria. Enfim, o contrato, o acordo de vontades, para gerar efeitos jurídicos, como ora se enfoca, adquire um valor que extravasa pura e simplesmente seu objeto.
>
> Em razão disso, pode às partes não parecer oportuno, possível ou conveniente contratar de forma definitiva, plena e acabada, mas será talvez mais inconveniente nada contratar, sob pena de se perder toda essa custosa fase preparatória. Talvez necessitem as partes de completar maiores estudos, aguardar melhor situação econômica ou remover algum obstáculo que impeça, naquele momento, a contratação. Nessas premissas, partem os interessados para uma contratação preliminar, prévia, antevendo um futuro contrato."

Os negócios internacionais são naturalmente mais complexos por envolverem sujeitos de diferentes nacionalidades, com legislações diversas e necessidade de aplicação de regras internacionais do comércio (i.e., *Lex Mercatoria, UNCITRAL – United Nations Commission on International Trade Law, ICC – International Chamber of Commerce* e *WTO – World Trade Organization,* entre outras)[195]. No comércio internacional, especialmente nas

---

[194] VENOSA, Sílvio de Salvo. **Direito Civil. Teoria Geral das Obrigações e Teoria Geral dos Contratos**, cit., p. 453.

[195] "(...) Por esses meios já consagrados, o comércio internacional encontra, na *lex mercatoria,* o amparo que se necessita, embora ainda tenha muitas conquistas a fazer no que concerne aos

operações que envolvam aspectos complexos relacionados à qualidade dos produtos, limitações alfandegárias, aspectos tributários, além de outras complexidades peculiares ao negócio, tem-se utilizado amplamente o contrato preliminar, com as mais variadas formas, visando ampliar a segurança jurídica a essas relações.

Da mesma forma, merecem destaque especial os negócios de grande porte ou com aspectos técnicos complexos, com destaque para as negociações comerciais e societárias em âmbito nacional (fusão, incorporação, cisão, compra e venda de quotas ou ações, estruturações financeiras de projetos, contratos de fornecimento, etc.) ou internacional (*M&As – Mergers & Aquisitions, project fincance, private equity, etc.*).

Na grande maioria dos negócios complexos da atualidade, nacionais e internacionais, há ampla utilização de diversos tipos de instrumentos preliminares, com destaque para os contratos preliminares, ainda que com formas diferentes.

Um exemplo clássico de negócio jurídico considerado complexo, em que o contrato preliminar foi considerado essencial para a celebração do contrato definitivo, é apresentado por WANDERLEY FERNANDES e JONATHAN MENDES OLIVEIRA[196], que se trata de um grande projeto

---

mecanismos sedimentados pela experiência concreta e reiterada do intercâmbio comercial. A segurança ainda não foi alcançada em sua amplitude total, mas existe em grande extensão no que concerne aos mecanismos sedimentados pela experiência concreta e reiterada do intercâmbio comercial.". STRENGER, Irineu. **Direito Internacional Privado**. 4ª edição. São Paulo: LTr, 2000, p. 815.

[196] "Em 2001, diante da escassez de energia elétrica, o Governo Federal determinou o seu racionamento (na época, designado 'apagão') e, ao mesmo tempo, desenvolveu um programa de implantação, em curtíssimo prazo, de usinas termelétricas para a produção da chamada energia emergencial. Não cabe aqui avaliar o mérito do programa ou a forma como foi implantado, porém interessa observar como determinados agentes, atendendo ao convite para apresentação de propostas, estruturaram relações jurídicas para a implantação de empreendimentos industriais em um prazo exíguo. Alguns itens devem ser obrigatoriamente tomados em consideração para participação nesses empreendimentos: obtenção de licenças ambientais, contratação de financiamento, aquisição de equipamentos (em sua maioria importados), contratação de empresa para a elaboração de projetos, construção e montagem (de maneira geral, dada a urgência e dificuldade do empreendedor administrar todas as frentes, a contratação é feita sob o regime de Turnkey ou EPC – Engeneering, Procurement and Construction – ou seja, em regime de empreitada global), formação da equipe gerencial e de operação, contratação de fornecimento de combustível, além de muitos outros contratos. Contratos que não eram isolados e independentes, mas sim componentes de uma teia de relações de subordinação e coordenação. Por exemplo, seria inviável a contratação imediata

de infraestrutura relativo à construção de usinas termelétricas em meados de 2001, na época do conhecido "apagão" que deixou o país de sobreaviso para a falta de energia elétrica.

No âmbito empresarial há inegável uso de uma grande variedade de contratos complexos, de forma que a eventual impossibilidade de celebração de um contrato pode até mesmo impedir a conclusão do negócio que se está analisando. Em alguns casos, diante da grande diversidade de obrigações de parte a parte, bem como medidas necessárias perante órgãos públicos

de equipamentos caríssimos sem qualquer garantia de obtenção do financiamento. Sabe-se, no entanto, que um contrato de financiamento toma, em média, três ou quatro meses para sua completa formalização, prazo impossível de ser aguardado para a formação do contrato de fornecimento dos equipamentos. Se não bastasse a complexidade desses contratos que deveriam ser coordenados, o tempo era bastante exíguo.

Ou seja, impossível acreditar que, numa mesma data, todos os documentos estariam assinados e coordenados entre si. Como os períodos de negociação eram diversos, evidentemente, certas relações tinham que ser estabelecidas de maneira provisória ou intermediária até que outras relações fossem concluídas, sendo inviável aguardar-se a conclusão de todas as relações contratuais ao mesmo tempo. O risco da não conclusão de determinados contratos tinha que ser considerado pelos agentes econômicos, mas tal aspecto deveria ser equilibrado com uma segurança mínima que permitisse a assunção desse risco e o prosseguimento das demais negociações. Claro está que estas considerações têm um conteúdo eminentemente econômico e, firmado o contrato de suprimento de energia assegurado por garantias financeiras idôneas, seria muito mais provável a obtenção de financiamento. Porém, estamos no campo das probabilidades e da assunção de riscos.

Em um cenário como esse, é absolutamente indispensável que as relações sejam progressivamente construídas e estabeleçam as bases para que outros compromissos e riscos possam ser assumidos.Não seria incomum que, antes da assinatura do contrato de aquisição dos equipamentos, fossem obtidas certas garantias básicas da entidade financeira, com um term sheet no qual estariam fixadas as condições essenciais de estruturação do financiamento. Ora, estabelecido o valor, prazo, garantias, carência e taxa de juros, temos claramente estipuladas as condições essenciais do contrato de empréstimo e, evidentemente, tais condições poderiam ser consolidadas em um contrato preliminar.

(...) antes de celebrado o contrato de suprimento de energia e o contrato de financiamento, poderia ser estipulado um contrato preliminar para a compra dos equipamentos ou, havendo acordo quanto a todos os elementos (essenciais ou acidentais), poder-se-ia até firmar um contrato definitivo com condição suspensiva, cuja condição seria a conclusão do contrato de fornecimento de energia. (...) Não havendo tempo para a negociação do contrato definitivo, com ou sem condição, também aqui poderiam ser estabelecidas as condições básicas de fixação do objeto, preço e prazo de entrega dos equipamentos. O contrato definitivo, com todas as cláusulas, 'covenants e representations' (no melhor estilo alienígena) seria acordado posteriormente." FERNANDES, Wanderley; OLIVEIRA, Jonathan Mendes. **Contrato Preliminar: Segurança de Contratar,** cit., p. 276.

(obtenção de licenças ambientais, sanitárias, entre outras) ou agentes financeiros (obtenção de financiamentos, viabilização de garantias, etc.), aguardar a completude das exigências tenderia a inviabilizar o negócio ou conferir chances aos concorrentes. Daí a relevância do contrato preliminar nas negociações consideradas complexas, nas suas mais variadas formas, até mesmo porque a forma deve seguir aquela exigida para o negócio jurídico futuro que se visa celebrar.

Especificamente no que diz respeito às negociações societárias complexas, FABIO KONDER COMPARATO[197] ressalta a relevância do uso do contrato preliminar:

"temos que os negócios de cessões de controle, pela sua complexidade e importância, costumam exigir um procedimento negocial mais longo, não podendo as partes determinar, desde logo, todos os seus elementos. Por outro lado, a necessidade de se preservarem os interesses das partes e da empresa, que podem vir a ser afetados pela falta de sigilo, impõem uma solução rápida para as negociações. Tais exigências aparentemente contraditórias são conciliadas com o recurso à técnica das promessas de contratar, que combinam obrigatoriedade e provisoriedade".

FABIO ULHOA COELHO[198], por sua vez, apresentou exemplo relacionado à participação de sociedades em licitação para outorga de concessão rodoviária, quando também é recorrente o uso do contrato preliminar, conforme se verifica abaixo:

"Imagine que duas empreiteiras se associem para participar da licitação para a outorga de concessão rodoviária. Se vencerem a disputa, irão celebrar contrato de sociedade para a exploração da rodovia concedida. Não há interesse nenhum em celebrar esse contrato, porém, senão para o caso de sucesso na concorrência pública. Aquelas empreiteiras não têm, com efeito, nenhum outro negócio que pretendam explorar em sociedade. Não podem, por outro lado, postergar as negociações, porque precisam ter segurança relativamente às obrigações que cada uma concorda assumir antes de se habilitar na licitação. Celebram então um contrato preliminar de sociedade, cuja execução

---

[197] COMPARATO, Fabio Konder. **Reflexões Sobre as Promessas de Cessão de Controle Acionário**, cit., p. 17.
[198] COELHO, Fabio Ulhoa. **Curso de Direito Civil**, cit., p. 87-88.

CONTRATO PRELIMINAR

sujeita-se à condição de obtenção da concessão rodoviária. A condição, aqui, é resolutiva porque importa a resolução do contrato preliminar caso o direito de explorar a rodovia seja outorgado a outro licitante. Mas nada impede a eleição de condição suspensiva pelo contrato preliminar."

Diversos são os exemplos que podem ser apresentados, especialmente quando o negócio envolve grande monta ou complexidade técnica. Ademais, além dos negócios entre grandes organizações empresariais, os negócios entre empresas de menor porte também vêm se tornando mais complexos, sofisticados e repletos de nuances anteriormente desconhecidas, por envolver um cipoal de aspectos técnicos, jurídicos e operações financeiras, sem contar os reflexos diretos que causam na economia e na sociedade. Como exemplo, destaca-se precedente do Tribunal de Justiça do Estado de São Paulo, com relação ao arrependimento da conclusão da venda de empresa, como se verifica abaixo:

"Contrato – negócio envolvendo venda de empresa – Arrependimento dos compradores – nulidade – erro e dolo por parte dos devedores – justa causa inexistente – resolução do contrato – perda do sinal – consequência prevista no contrato – prefixação de perdas e danos – inaplicabilidade do Código de Defesa do Consumidor – recurso não provido."[199]

Denota-se que com o aumento da complexidade dos negócios jurídicos na atualidade vem-se impondo um maior cuidado às partes, com relação à elaboração de documentos preliminares, por meio da concatenação de atos considerados como parte de um processo de formação do negócio jurídico[200].

---

[199] TJSP – Apelação Cível nº 12.580-4 – Santo André – 9ª Câmara de Direito Privado – Rel. Ruiter Oliva – 22.10.96 – v.u. – fonte: biblioteca do TJSP).

[200] "Para traduzir a ideia duma sucessão de actos destinados a proporcionar a obtenção de determinado fim, a doutrina recente, numa manifestação de vitalidade do Direito Civil, tem utilizado a noção de processo, recuperada do Direito Público. A ideia é importante, uma vez que os actos integrados em sequência processual, com ou sem prejuízo da sua valia intrínseca, se encontram todos norteados para a obtenção do escopo visado pelo processo, com claros reflexos no regime de todo o complexo em causa. Este fenômeno, diagnosticado na gênese dos contratos pode, com inteiro rigor científico, ser apelidado de processo de formação do contrato.". CORDEIRO, António Menezes. **Direito das Obrigações.** vol. 1, 1988, p. 436-437.

Nesse sentido, confira-se análise global sobre a fase preliminar e seus documentos preliminares, sob a ótica de JACQUES GHESTIN[201]:

> *"Entre l'initiative que constitue l'entrée en pourparlers, ou l'offre, et la conclusion de la vente, se situe souvent une période précontractuelle que peut être parfois de longue durée. La complexité de certaines ventes modernes, les études qu'elles exigent afin de connaître non seulement les données de fait, mais aussi les règles d'ordre public applicables, les autorisations souvent nécessaires, notamment en matière de change ou d'urbanisme, se conjuguent pour prolonger la période précontractuelle."*

A relevância do contrato preliminar também toma por base a possibilidade de se viabilizar o início da execução e do cumprimento dos acordos, mesmo sem que o contrato definitivo tenha sido celebrado. Tal execução precária das obrigações seria pautada na real intenção das partes em celebrar um contrato futuro, na hipótese em que, seja por falta de um requisito, seja por conveniência, as partes optaram por iniciar o negócio de forma precária, deixando a celebração do contrato definitivo para o futuro[202]. Dentre as diversas situações que levam as partes a iniciar o negócio de forma precária, destacam-se as mais comuns:

(i) inexistência de disponibilidade de numerário para efetivação do contrato definitivo;

(ii) falta de documentos necessários para a celebração do contrato definitivo;

(iii) falta de consentimento ou autorização de terceiros;

(iv) inexistência da coisa naquele momento, que somente passará a existir no futuro (quando o contrato definitivo será celebrado);

---

[201] Entre a iniciativa que constitui a entrada em negociações, ou a oferta, e a conclusão do contrato, se situa, frequentemente, um período pré-contratual que pode ser às vezes de longa duração. A complexidade dos contratos modernos, os estudos que eles exigem a fim de conhecer não somente os dados de fato, mas também as regras de ordem pública aplicáveis, as autorizações frequentemente necessárias, notadamente em matéria de câmbio ou de urbanismo, se conjugam para prolongar o período pré-contratual. – tradução livre. GHESTIN, Jacques; DESCHÉ Bernard. **Traité des Contrats. La Vente Formation du Contrat**, Paris: Librarie Générale de Droit El de Jurisprudence, 1990, p. 151.

[202] "Lança-se mão do contrato preliminar quando é consenso das partes que, por qualquer razão, não se justifica celebrar o definitivo no momento em que concluem as negociações.". COELHO, Fabio Ulhoa. **Curso de Direito Civil**, cit., p. 87.

(v) existência de extrema complexidade na operação econômica, i.e., quando se requer a verificação de dados, balanços, inventários, avaliação de estoques, quantificação das contingências (realização de auditoria legal), etc., para que se realize a venda ou compra de um estabelecimento comercial; e, *inter alia,*

(vi) necessidade da obtenção de prévia captação de recursos para, por exemplo, adquirir um terreno para a construção futura de um empreendimento imobiliário.

Assim, constata-se que com o evidente aumento da complexidade das relações jurídicas, econômicas e até mesmo sociais, a fase de formação do contrato passou a ter grande relevância e, consequentemente, o contrato preliminar passou a ter destaque no âmbito técnico-jurídico e, em especial, no âmbito funcional, por meio de sua ampla aplicação prática, conferindo maior segurança às relações jurídicas para as partes, desde a fase pré-contratual.

3.3. A obrigação tida como relação jurídica complexa

Além da complexidade dos negócios jurídicos, tem-se notado também o aumento da complexidade das obrigações inseridas nesses negócios, com a ampliação do espectro de obrigações tradicionalmente consideradas, para atingir, além dos deveres principais, também os deveres secundários e acessórios de conduta. Alguns, como mencionado anteriormente, foram elevados em nosso ordenamento à condição de requisitos necessários para a validade e eficácia da relação jurídica complexa, com destaque para a boa-fé objetiva, a função social e a cooperação entre as partes.

JOÃO DE MATOS ANTUNES VARELA[203], ao analisar a complexidade das relações obrigacionais na atualidade, destaca o seguinte:

"13. Relações obrigacionais simples e complexas. A relação jurídica em geral diz-se una ou simples, quando compreende o direito subjectivo atribuído a uma pessoa e o dever jurídico ou estado de sujeição correspondente, que

---

[203] VARELA, João de Matos Antunes. **Das Obrigações em Geral,** cit., p. 64-68.

recai sobre a outra; e complexa ou múltipla, quando abrange um conjunto de direitos e de deveres ou estados de sujeição nascidos do mesmo facto jurídico.

(...)

Mas, se reflectirmos sobre o mais corrente e vulgar dos negócios jurídicos, que é o contrato de compra e venda, verificamos que a relação jurídica dele nascida (também de caracter obrigacional) é já uma relação (obrigação) múltipla ou complexa.

Com efeito, ao lado do dever jurídico de entrega da coisa devida (que recai sobre o vendedor) e do correlativo direito subjectivo de exigir a entrega da coisa (atribuído ao comprador), há ainda, nesse caso, o dever jurídico de o comprador entregar o preço e o correspondente direito (subjectivo) de o vendedor exigir o seu pagamento.

E maior ainda a complexidade da relação obrigacional, quando a esses dois direitos e correspondentes deveres (que são comuns à generalidade das compras e vendas), outros direitos e deveres correlativos (direito à entrega de certos documentos, à compensação das despesas feitas com a realização do acto, à reparação ou substituição da coisa, à indenização do prejuízo causado pela mora do vendedor ou do comprador, etc.) se venham enxertar na relação constituída entre vendedor e comprador.

Fenômeno idêntico ao proporcionado pela relação jurídica nascida da compra e venda se pode, aliás, verificar na generalidade das outras espécies contratuais. Também nos contratos bilaterais ou plurilaterais, como a locação, a sociedade, o contrato de trabalho, a empreitada ou o mandato remunerado, ao direito de uma das partes (à renda, estipêndio fixado) e correspondente dever da outra ou outras se junta logo o direito típico, fundamental, que constitui contraprestação daquele e podem ainda acrescer os múltiplos direitos subjectivos ou potestativos a que frequentes vezes dá lugar o processamento da relação nascida no contrato.

(...)

Às duas ou mais obrigações que se criam entre as partes no momento da perfeição do contrato acrescem ainda, nestes casos, as que se vão constituindo entre elas à medida que a relação contratual se desenvolve no tempo.

(...)

A obrigação será uma relação não só complexa (composta de vários actos, logicamente encadeados entre si), mas essencialmente mutável no tempo e orientada para determinado fim.

(...)

A complexidade assim entendida reflecte-se no vínculo obrigacional em geral e traduz-se na série de deveres, secundários e de deveres acessórios de conduta que gravitam as mais das vezes em torno do dever principal de prestar e até do direito de prestação (principal). O fenômeno é minuciosamente analisado no capítulo da estrutura da obrigação, a propósito dos múltiplos deveres que podem recair, quer sobre o devedor, quer sobre o credor da relação principal."

O aumento da complexidade das relações obrigacionais é, em sua maioria, decorrente da imposição de múltiplos deveres acessórios e deveres de proteção de caráter geral, além dos tradicionais deveres principais inerentes ao negócio jurídico. A complexidade e os deveres atinentes aos contratos, em geral, também devem ser considerados e aplicados aos instrumentos pré-contratuais, notadamente no contrato preliminar.

MARIO JULIO DE ALMEIDA COSTA[204], ao tratar dos deveres e obrigações inerentes às relações obrigacionais complexas, optou por dividir os deveres considerados relevantes em três grandes grupos, quais sejam: (a) os *deveres principais ou primários da prestação*, que seriam os elementos determinantes da obrigação – núcleo central do objeto da prestação; (b) os *deveres secundários ou acidentais de prestação*, que correspondem a outras prestações; e (c) os *deveres acessórios ou laterais de conduta* que não integram direta ou secundariamente a relação jurídica principal, mas são essenciais ao correto processamento da relação obrigacional.

GIOVANNI ETTORE NANNI[205] considera que:

> "[a] estrutura obrigacional complexa é exigida na nova feição constitucional que se enquadrou no Direito Civil, mormente em razão da incidência do princípio da solidariedade nas relações negociais, o qual solicita uma rede protetora às partes.
>
> (...)
>
> Destarte, a relação obrigacional assume uma composição complexa, razão por que são impostos múltiplos deveres acessórios e deveres de proteção de caráter geral, tanto do lado de uma das partes como do lado da outra, mas também assunções de deveres pré-contratuais (*culpa in contrahendo*) e uma responsabilização contratual do respectivo credor (*culpa in exigendo*)"

---

[204] COSTA, Mario Julio de Almeida. **Direito das Obrigações**, cit., p. 60-61.
[205] NANNI, Giovanni Ettore. **O Dever de Cooperação nas Relações Obrigacionais à Luz do Princípio Constitucional da Solidariedade**, cit., p. 308.

DIOGO L. MACHADO DE MELO, por sua vez, analisa a evolução da relação obrigacional e a define como um processo complexo[206].

A relação obrigacional pré-contratual, por ser considerada como um processo complexo e em gradativa evolução (com vistas a celebrar o contrato definitivo), contém situações jurídicas que se encontram em constante mutação[207].

[206] "(...) A partir dessas constatações, a doutrina moderna passou a conceber a relação obrigacional em sua dinâmica e sob o ponto de vista global. Alarga-se a abrangência da relação obrigacional de uma simples prestação para considerar também todos os deveres correlatos. Vista de tal maneira, a relação obrigacional engloba, além do direito de crédito e do dever de prestar, outros elementos, como os deveres laterais. Em suma, trata-se de uma relação obrigacional complexa.

Sob outro prisma, mas a significar o mesmo fenômeno, a relação obrigacional passa a ser considerada também como 'processo'. Ou seja, percebeu-se que a relação obrigacional era composta por uma sucessão de atos tendentes a um fim, qual seja, a satisfação do interesse do credor, enfatizando, nesse enfoque, seu caráter dinâmico, em que as várias fases que nascem nada mais são que fases para a consecução do fim daquela relação, a ser considerado bem antes de quando a lei fixa como formado o contrato

(...)

No Brasil, a estruturação da relação obrigacional como processo tem como seu grande precursor Clóvis Couto e Silva, que em obra específica sobre o tema, logo nas considerações iniciais, assevera que 'a obrigação, vista como processo, compõe-se, em sentido largo, do conjunto de atividades necessárias à satisfação do interesse do credor. Dogmaticamente, contudo, é indispensável distinguir os planos em que se desenvolve e se adimple a obrigação. Os atos praticados pelo devedor, bem assim como os realizados pelo credor, repercutem no mundo jurídico, nele ingressam e são dispostos e classificados segundo uma ordem, atendendo-se aos conceitos elaborados pela teoria do direito. Esses atos, evidentemente, tendem a um fim. E é precisamente a finalidade que determina a concepção da obrigação como processo.'

Percebe-se, então, que as obrigações são compostas por relações jurídicas complexas, dinâmicas, e que somente chegarão a um bom fim se contarem com a colaboração leal dos participantes, em cumprimento a todos os deveres impostos pela boa-fé, e não aos exclusivos comandos da lei e das próprias partes. A estrutura obrigacional complexa é exigência da nova feição do direito civil, e os contratos, bem com as relações neles inseridas, não teriam o mínimo de efetividade se estudados sob o ponto de vista de uma relação jurídica simples. Ao intérprete cabe, portanto, levar em consideração no seu plano de análise não só os contratos já formados, mas todo o processo de formação, desde a predisposição das cláusulas contratuais gerais até o consenso, e todos os deveres circunscritos nessa relação." MELO, Diogo L. Machado de. **Cláusulas Contratuais Gerais**. São Paulo: Saraiva, 2008, p. 35-37.

[207] "Se é certo, como coloca Silva Pereira, que sempre existirá na obrigação a ideia de vínculo, então que ele traduza a essência do fenômeno obrigacional, ou seja, a cooperação, a unir e pautar o comportamento dos envolvidos, fundado na eticidade. Obrigação é, portanto, uma relação jurídica intersubjetiva na qual surgem posições jurídicas ativas e passivas para os

ROSA MARIA DE ANDRADE NERY[208], por sua vez, considera que o tema da razoabilidade e proporcionalidade na relação jurídica pré--contratual deve tomar por base um vínculo situacional, de acordo com o subjetivismo, a proporcionalidade e a situação que envolve as partes na relação pré-contratual considerada complexa.

Obrigações e contratos cada vez mais complexos, que incluem diversas áreas do direito, aspectos sociais, políticos e econômicos, são cada vez mais comuns em nosso ordenamento e, por isso, a evolução natural dos negócios jurídicos, aliada ao aumento da complexidade dos interesses envolvidos, impõe um inevitável alongamento da fase de formação do contrato, quando se deve respeitar ainda mais os já mencionados deveres de consideração inseridos na fase pré-contratual.

Em vista disso, tornam-se cada vez mais relevantes os documentos preliminares, notadamente, o contrato preliminar, que estipula deveres de prestação (primários e secundários), bem como dever de conduta capaz de vincular as partes de acordo com a situação prática apresentada, dentro de uma razoabilidade e proporcionalidade que equilibram a relação pré-contratual.

---

envolvidos, sendo por isso denominada de situação jurídica obrigacional.". FRITZ, Karina Nunes. **Boa-Fé Objetiva na Fase Pré-Contratual – A Responsabilidade Pré-Contratual por Ruptura das Negociações**, cit., p. 50.

[208] NERY, Rosa Maria Barreto Borriello de Andrade. **Vínculo Obrigacional: Relação Jurídica de Razão (Técnica e Ciência de Proporção)**. Tese de livre-docência. Pontifícia Universidade Católica de São Paulo. São Paulo, 2004, p. 199.

4. Contrato preliminar e sua eficácia funcional: gradação do conteúdo e consequências jurídicas

Diante da complexidade e sofisticação atual dos negócios jurídicos, sejam eles nacionais ou internacionais, o processo de formação do contrato passou a receber maior atenção e cuidado, haja vista a necessidade de proteger a evolução paulatina das negociações – que têm início com a fase intrínseca[209] (primeira fase), evoluindo por meio das fases extrínsecas, que se dividem basicamente em: tratativas ou negociações preliminares[210] (segunda fase) e contrato preliminar (terceira fase) até a celebração do contrato definitivo – e eventual descumprimento, por qualquer das partes, das obrigações assumidas durante tal processo formativo.

Para que o contrato preliminar tenha a eficácia desejada, deve-se considerar os fatores extrínsecos ao negócio, cuja presença permite a produção dos efeitos desejados pelas partes.

No momento da celebração do contrato preliminar, o contrato definitivo permanece em estado potencial, até que seja exigida a obrigação estabelecida previamente pelas partes. Uma vez cumprida a obrigação prevista no contrato preliminar, este se torna eficaz, sob o ponto de vista fático

---

[209] "(...) ideação interior das partes (...).". GARCIA, Enéas Costa. **Responsabilidade Pré e Pós-contratual à Luz da Boa-Fé**, cit., p. 18. Nessa fase, as partes avaliam internamente a necessidade e a viabilidade de celebrar o contrato. Nesta fase ainda não há exteriorização da vontade e, por isso, diz-se que há apenas indício de vontade (fase psíquica), sem reflexos no mundo jurídico da outra parte ou mesmo perante terceiros. A despeito da relevância desta fase para o negócio jurídico, já que é o seu nascedouro, não será objeto do presente estudo.

[210] GARCIA, Enéas Costa. **Responsabilidade Pré e Pós-contratual à Luz da Boa-Fé**, cit., p. 18.

e jurídico, gerando os efeitos desejados. Está-se, pois, diante da eficácia obrigacional natural do contrato preliminar, que também pode, em alguns casos, ter reflexos de natureza real.

A despeito da análise estrutural inicialmente apresentada, que evidenciou uma evolução do contrato preliminar com sua recente normatização, a análise dos fatores de eficácia do contrato preliminar será pautada mais em sua funcionalidade (teoria funcionalista do direito ou realismo jurídico[211]) do que na sua estrutura técnico-jurídica (positivismo jurídico[212]). Sobre a relevância do estudo, centrado na funcionalidade do direito, confira-se entendimento de JULIANA PITELLI DA GUIA[213]:

> "(...) Considerar o aspecto funcional do direito é muito relevante, pois a falta de interesse pelo estudo dos fins, quaisquer que sejam, pode acabar prejudicando mesmo o seu alcance, uma vez que a ênfase apenas na estrutura dos institutos pode implicar a adoção de formas que não sejam as melhores para atingir os fins que se pretende.
>
> As funções serão tão melhor preenchidas quanto maior for o comprometimento da estrutura para com elas, de modo que não se pode negar que ambas – estrutura e função – estão relacionadas e não são independentes. Daí depreende-se a importância de uma análise funcional do direito."

Assim, considerando a relevância em se analisar a eficácia funcional do contrato preliminar em nosso ordenamento, busca-se avaliar e demonstrar quais são as consequências práticas do uso do contrato preliminar, considerando os diferentes graus de obrigatoriedade inseridos no contrato preliminar (níveis de eficácia) para os casos de adimplemento espontâneo das obrigações assumidas e também para o eventual inadimplemento das obrigações assumidas pelas partes, durante a fase de formação do contrato[214].

Para tanto, será analisado primeiramente o momento em que as partes se tornam vinculadas entre si durante o processo de formação do contrato, elemento fundamental para conferir segurança às relações negociais e que

---

[211] BOBBIO. Norberto. **O Positivismo Jurídico: Lições de Filosofia do Direito.** São Paulo: Ícone, 1995, p. 142.

[212] BOBBIO. Norberto. **O Positivismo Jurídico: Lições de Filosofia do Direito,** cit., p. 142.

[213] PITELLI DA GUA, Juliana. **O Contrato Preliminar e a Análise Econômica do Direito.** Revista de Direito Mercantil, Ano XLV, nº 143, julho-setembro de 2006, p. 253.

[214] TOMASETTI JUNIOR, A. **Execução do Contrato Preliminar,** cit., p. 22.

confere força ao contrato preliminar. Em seguida, serão analisados os efeitos e as consequências tradicionais para o caso de recusa em se cumprir o contrato preliminar, com a possibilidade de reparação de perdas e danos ou, se for o caso, de imposição de execução forçada. Adicionalmente, serão analisados os graus de obrigatoriedade inseridos no contrato preliminar, com especial atenção para as consequências práticas advindas das situações em que há descumprimento do acordado por qualquer das partes.

4.1. A vinculação das partes durante o processo de formação do negócio jurídico complexo

A fase de formação do contrato vem se tornando cada vez mais extensa e complexa e, por isso, passou a sofrer uma divisão básica em duas etapas: (i) negociações preliminares e (ii) contrato preliminar. Ultrapassadas essas duas fases básicas, dá-se a celebração do contrato definitivo. Todavia, a separação entre a etapa de negociações preliminares e do contrato preliminar não é tão simples, já que existem instrumentos que podem servir para qualquer das duas etapas, o que impõe uma análise detida do conteúdo dos instrumentos pré-contratuais.

A força vinculativa do instrumento pré-contratual é o ponto fundamental para que o acordo preliminar deixe de ser apenas parte de uma mera negociação e se torne parte efetiva de um contrato preliminar e até mesmo do contrato definitivo.

Os documentos que refletem a evolução das negociações preliminares, embora tenham como finalidade definir o nível de expectativa que se cria entre as partes, e também do grau de investimentos efetuados pelas partes ao longo do processo formativo do contrato, não dispõem de força vinculativa. Nesse sentido, confira-se entendimento de CARLYLE POPP[215]:

> "Ainda que a doutrina clássica teime em não perceber ou quando visualiza a questão o faça sob uma perspectiva oitocentista, o mundo negocial mudou. Este cambiamento proporcionou não só uma valoração importante da fase dos tratos preliminares, como revolucionou toda a visão formativa anterior.

---

[215] POPP, Carlyle. **Responsabilidade Civil Pré-Negocial: O Rompimento das Tratativas**, cit., p. 240-242.

CONTRATO PRELIMINAR

O fenômeno proposta x aceitação não mais pode subsistir se vislumbrado somente sob um ângulo clássico. Nos dias de hoje, a complexidade das negociações – que não raro envolvem, além das partes, técnicos especializados (advogados, auditores, contadores, agentes financeiros, peritos, etc.) – não consegue mais refletir ofertas e aceitações, pelo menos naqueles moldes. Ante as dificuldades, técnicas e fáticas, dos tratos, as declarações negociais surgem aos poucos, etapa por etapa. Sobrevêm proposições bilaterais, aceitações unilaterais, seguidas de novas propostas e considerações. Nem sempre é possível uma visualização clara, neste tipo de tratativas, do local e momento onde ocorreu a proposta ou onde está a aceitação. Apesar disso, continuam a se constituir em etapas importantes na formação do negócio jurídico.

Este intrincamento negocial é ainda maior quando se fala de tratativas internacionais, pois, nestes casos, além de os interesses envolvidos serem mais relevantes, os riscos são maiores. Isto porque as partes estão sujeitas a 'flutuações cambiais, modificações nos mecanismos de controle governamental, como a imposição de tarifas, novas regulamentações sobre importação e exportação, os riscos do transporte marítimo em alto-mar, guerras, boicotes, expropriações'. Isto sem cogitar das alterações políticas, sobretudo nos países do terceiro mundo, que frequentemente interferem nos interesses das empresas estrangeiras.

Ante estas esperadas dificuldades, alguns autores, como Maristela BASSO, sugerem a importância de que sejam estabelecidas condições gerais de negociação, ou mesmo contratos-tipo. A observância destas regras de precaução faz com que 'a negociação se torne mais longa, mas, com certeza, seus resultados se projetarão no contrato concluído, o qual será executado com eficiência e, na eventualidade de inexecução, as partes não enfrentarão o problema de um vazio jurídico.

Diante disso, é comum a elaboração de documentos que reflitam a atual situação jurídica dos tratos, como minutas, acordos parciais, acordos de segredo (*confidentiality arrangements*), cartas de intenção (*letters of understanding*), ou mesmo possibilitem a realização do contrato definitivo (como as *comfort letters* ou *lettre de patronage*) e a obtenção do querer recíproco, chama-se formação progressiva do contrato.

Estes documentos preparatórios são frequentemente utilizados naqueles casos em que as partes ultrapassaram determinados pontos, não sendo mais possível retornar. Significa dizer que, com relação a isto, a discussão está encerrada. É fundamental, deste modo, a celebração destes acordos parciais, cuja utilidade será grande, sobretudo se acontecer o recesso das negociações."

No mesmo sentido, confira-se avaliação de MIGUEL MARIA DE SER-PA LOPES[216]:

> "O processo da técnica moderna, a complexidade dos negócios atuais, tudo influi a que os contratos sejam precedidos de estudos preliminares. A esse período de negociações preliminares chamam os autos de *tractus*, e são definidos como propostas precedentes ao contrato, com os quais as partes, sem intenção de se obrigar, demonstram reciprocamente a de contratar. O característico principal dessas conversações preliminares consiste em serem estabelecidas sem qualquer propósito de obrigatoriedade, atento a que as partes, nessa fase de negociações, não possuem qualquer ânimo de empenhar ou de vincular a sua vontade para o futuro; nada mais fazem do que exteriorizar o seu pensamento, sem a intenção de torná-lo definitivo."

Documentos como minutas, cartas de intenções (com seus diversos tipos)[217], memorandos de entendimento, entre outros instrumentos comumente usados na fase de formação do contrato, desde que ainda não contenham os elementos essenciais do contrato definitivo, ou que contenham expressões do tipo "não vinculativo" (*non-binding*), servem apenas de base para eventual reparação da frustração de ordem aquiliana (extracontratual) em caso de não evolução das negociações. Nesse sentido, confira-se entendimento de ENÉAS COSTA GARCIA[218]:

> "A fase de negociações preliminares, que, dependendo da complexidade do negócio jurídico a ser celebrado no futuro e do número de relações cruzadas e interligadas, exige uma complexa estrutura de documentos e pré-acordos que, embora sejam formalizados, ainda não podem ser considerados contratos preliminares e, por isso, não têm o condão de vincular as partes durante a fase pré-contratual. Servem, no entanto, para a comprovação de que houve extensa análise preliminar de parte a parte antes da celebração do contrato preliminar ou mesmo do contrato definitivo."

---

[216] SERPA LOPES, Miguel Maria de. **Curso de Direito Civil**. Vol. III, parte primeira – dos contratos em geral.. Rio de Janeiro: Livraria Freitas Bastos, 1954, p. 68.

[217] BASSO, Maristela. **As Cartas de Intenção ou Contratos de Negociação**, cit., p. 28-47.

[218] GARCIA, Enéas Costa. **Responsabilidade Pré e Pós-contratual à Luz da Boa-Fé**, cit., p. 18.

ANA PRATA[219], por sua vez, considera que:

"A caracterização da eficácia vinculativa daqueles acordos preparatórios é problema que suscita grandes dificuldades. Ocorrendo a sua formalização no período negociatório em razão da progressiva extensão dos conteúdos substanciais acordados, eles servem uma função instrumental das negociações, que tanto podem ser a de registrar etapas da sua evolução, como a de facilitar o seu desenvolvimento, como ainda a de consolidar pontos de acordo doravante inquestionáveis. A sua variabilidade e estreita dependência dos propósitos das partes, por um lado, a sua não correspondência a figuras tipificadas legalmente, por outro, determinam que não seja, muitas vezes, tarefa fácil a interpretação destes documentos pré-contratuais, consistindo então a dificuldade na determinação da medida em que cada uma das partes quis obrigar-se quanto ao futuro. Quando não seja possível identificar claras obrigações voluntariamente assumidas pelas partes, estes acordos interlocutórios pouco acrescentarão aos deveres decorrentes da boa fé, que, na fase das negociações, impendem sobre os futuros contraentes."

A partir do momento em que as partes concluem que estão prontas para celebrar o contrato preliminar (ou eventualmente o contrato definitivo, ainda que não o façam na prática), haverá uma alteração da fase de formação do contrato, quando serão deixadas para trás as meras negociações (ou tratativas) preliminares, que não vinculam as partes e geram apenas responsabilidade aquiliana para casos de não cumprimento, para adentrar a fase de formação do contrato sob a égide do direito contratual, quando são elaborados documentos com força vinculante e que geram responsabilidades de ordem contratual em caso de descumprimento, além da opção pela execução forçada, possível para alguns casos.

Assim, inicia-se a celebração do contrato preliminar, momento em que as partes se vinculam por meio de instrumento que tem como obrigação fundamental a celebração de contrato futuro, desde que estejam presentes os requisitos essenciais do contrato definitivo. Está-se diante do início da vinculação obrigacional, que os documentos até então acordados ainda não tinham. FABIO ULHOA COELHO[220], ao analisar essa questão, considera que:

---

[219] PRATA, Ana. **O Contrato-Promessa e seu Regime Civil**, cit., p. 14-15.
[220] COELHO, Fabio Ulhoa. **Curso de Direito Civil,** cit., p. 88.

"O contrato preliminar deve conter todos os requisitos essenciais ao definitivo (CC, art. 462). Uma ou outra cláusula acidental pode eventualmente não ter sido objeto de consenso – isso não descaracteriza o contrato preliminar. Mas se algum aspecto da essência do negócio não foi completamente negociado, não há contrato preliminar ainda, mas simples protocolo de intenções, que não gera obrigação de contratar.

Considere a declaração convergente de vontade de dois sujeitos no sentido de virem a contratar a compra por um deles de certo bem do outro, devidamente individuado. Se a declaração não definir preço ou ao menos o critério para a sua fixação (avaliação por perito de escolha das partes, por exemplo), não há contrato preliminar porque não existe ainda acordo de vontade sobre um elemento essencial da compra e venda. Se, por outro lado, essa declaração convergente de vontade estabelecer o preço a pagar pelo bem a ser alienado, mas deixar em aberto qual dos contratantes deve suportar as despesas com a tradição, existe contrato preliminar, porque esse aspecto do negócio é secundário"

Para MIGUEL MARIA DE SERPA LOPES[221], o contrato preliminar representa um meio assecuratório e preparatório para a celebração futura do contrato definitivo e, por isso, torna-se um instrumento útil para as situações em que as partes não queiram ou não tenham condições de celebrar o contrato definitivo de plano. Há um vínculo preliminar que garante o negócio e confere mais tempo para as partes definirem o melhor momento para a celebração do contrato definitivo.

Uma vez celebrado o contrato preliminar, este terá o condão de forçar a outra parte, tanto do ponto de vista positivo, quanto do negativo, no que diz respeito ao cumprimento das obrigações nele estabelecidas. Toda e qualquer alteração dos requisitos essenciais somente pode ser efetivada se as partes estiverem de acordo, não sendo possível, a partir deste momento, a alteração unilateral e imotivada, exceto quando expressamente prevista tal autorização.

---

[221] "(...) A promessa carece, então, de fim econômico próprio, imediato, e só representa um meio assecuratório e preparatório da celebração futura de outro contrato. Mas como, de qualquer modo, já sempre uma vinculação de vontades, consentimento e objeto, embora este seja *sui generis*, caracteriza-se a figura contratual. Indubitável é a utilidade dêste contrato para todos aquêles casos em que as partes contratantes não queiram ou não lhes seja possível celebrar desde logo o contrato definitivo. Comprometem-se a celebrá-lo *in futurum*.". SERPA LOPES, Miguel Maria de. **Curso de Direito Civil**, cit., p. 72.

Assim, o contrato preliminar equipara-se ao contrato definitivo no que diz respeito aos requisitos essenciais, sendo possível a inclusão *a posteriori* de requisitos secundários, impondo um vínculo obrigacional já na fase pré-contratual.

É mister notar, todavia, que por não se tratar de uma relação estática, a fase pré-contratual impõe a presença de uma vinculação cooperativa, quando as partes analisam e alteram o contrato de acordo com a situação jurídica apresentada no momento, deixando de lado a tradicional vinculação de sujeição em que as partes se colocavam em posições antagônicas.

Com isso, a relação pré-contratual, que por natureza está em constante evolução, aceita que as partes se reúnam e cooperem entre si para atingir um mesmo fim, que é a celebração de um contrato definitivo que seja equilibrado. KARINA NUNES FRITZ[222], ao analisar as diferenças entre o vínculo de sujeição e o vínculo de cooperação no processo de formação do contrato, considera que:

> "(...) Nessa linha de raciocínio, parece bem razoável argumentar que a idéia de obrigação como vínculo de sujeição não condiz com a concepção constitucional da dignidade humana e da solidariedade, que exigem a consideração do devedor como pessoa, titular de direitos fundamentais, digno de proteção tanto quanto o credor, e, muito menos, com o princípio da boa-fé objetiva, cuja essência consiste exatamente na consideração solidária para com o outro, no agir com lealdade, respeitando o parceiro em razão de sua simples condição de pessoa, em função do que não apenas uma parte tem direitos frente à outra, mas ambas encontram-se vinculadas à observância de deveres recíprocos."

Confira-se, também, o posicionamento de PAULO LUIZ NETTO LÔBO[223] a respeito da relevância da vinculação cooperativa na fase pré--contratual:

---

[222] FRITZ, Karina Nunes. **Boa-Fé Objetiva na Fase Pré-Contratual – A Responsabilidade Pré-Contratual por Ruptura das Negociações**, cit., p. 49.

[223] NETTO LÔBO. Paulo Luiz. **Deveres Gerais de Conduta nas Obrigações Civis**, p. 93. In DELGADO, Mário Luiz; ALVES, Jones Figueiredo (Coords.). **Novo Código Civil – Questões Controvertidas no Direito das Obrigações e dos Contratos**. São Paulo: Método, 2005, p. 75-94.

"Tradicionalmente, a obrigação, especialmente o contrato, foi considerada composição de interesses antagônicos, do credor de um lado, do devedor de outro. Por exemplo, o interesse do comprador seria antagônico ao interesse do devedor. Tal esquema era adequado ao individualismo liberal, mas é inteiramente inapropriado à realização do princípio constitucional da solidariedade, sob o qual a obrigação é tomada como um todo dinâmico, processual, e não apenas como estrutura relacional de interesses individuais. O antagonismo foi substituído pela cooperação, tido como dever de ambos os participantes e que se impõe aos terceiros, como vimos na tutela externa do crédito. Revela-se a importância não apenas da abstenção de condutas impeditivas ou inibitórias, mas condutas positivas que facilitem a prestação do devedor.

(...)

O dever de cooperação resulta em questionamento da estrutura da obrigação, uma vez que, sem alterar a relação de crédito e débito, impõe prestações ao credor enquanto tal. Assim, há dever de cooperação tanto do credor quando do devedor, para o fim comum. Há prestações positivas, no sentido de agirem os participantes de modo solidário para a consecução do fim obrigacional, e há prestações negativas, de abstenção de atos que dificultem ou impeçam esse fim."

Denota-se que o vínculo pré-contratual é estabelecido durante a celebração do contrato preliminar, vínculo este que atualmente é considerado como sendo de cooperação, e não mais de sujeição de uma parte à outra. Com isso, as partes evoluem conjuntamente durante a fase de negociação, considerando as diversidades e eventuais situações fáticas e jurídicas de forma cooperativa e razoável, visando um fim comum, que é a celebração do contrato definitivo.

WANDERLEY FERNANDES e JONATHAN MENDES OLIVEIRA[224] demonstram, por sua vez, a relevância da vinculação negocial durante a fase de formação do contrato, tomando por base o exemplo, acima mencionado, sobre as negociações relativas aos contratos para construção de usinas termoelétricas, durante a fase de racionamento de energia elétrica em nosso país ("o apagão"):

---

[224] FERNANDES, Wanderley; OLIVEIRA, Jonathan Mendes. **Contrato Preliminar: Segurança de Contratar**, cit., p. 276.

CONTRATO PRELIMINAR

"A teia de relações contratuais descrita no caso dos agentes econômicos do mercado de energia, quando do racionamento de energia elétrica, parece deixar claro que, diante de contratos que têm sua conclusão definida em momentos diferentes, é possível que as partes desejem antecipar os efeitos do contrato definitivo, ainda quando não tenham negociado todos os seus elementos. Esta condição, no entanto, não pode ser fator de insegurança nas relações jurídicas, mas, ao mesmo tempo, é certo que não cabe ao juiz negociar pelas partes. Portanto, é preciso definir um critério para a identificação do momento em que as partes, de fato, se vinculam entre si."

Assim, a despeito da classificação da vinculação existente na doutrina, considera-se que o contrato preliminar passa a vincular as partes a partir de sua celebração, ainda que o nível de certeza quanto à celebração do contrato definitivo evolua ao longo da fase pré-contratual até a celebração efetiva do contrato definitivo, como se evidencia por meio do gráfico abaixo:

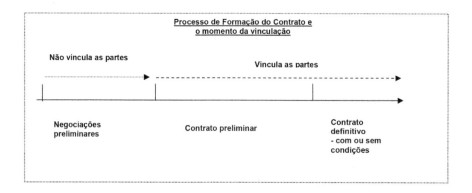

4.2. A gradação obrigacional do contrato preliminar

O espectro de análise funcional do contrato preliminar impõe diferentes graus de obrigatoriedade, que evoluem e se consolidam na medida em que o nível de predeterminação do conteúdo do contrato definitivo aumenta. Assim, quanto mais requisitos e elementos do contrato definitivo o contrato preliminar contiver, maior será sua força vinculativa e até mesmo executória, aumentando significativamente sua eficácia.

Diante dos graus de obrigatoriedade, é possível fazer uma divisão básica, qual seja: (i) contratos preliminares com grau de obrigatoriedade fraco; (ii) contratos preliminares com grau de obrigatoriedade médio; e (iii) contratos preliminares com grau de obrigatoriedade forte.

Alguns contratos preliminares têm grau de obrigatoriedade considerada forte, quando surge a obrigação de prestar declaração de vontade passível de substituição por sentença. Trata-se de contrato preliminar em que está clara e evidente qual a obrigação a ser cumprida, dado o alto grau de semelhança entre o contrato preliminar e o contrato definitivo. Considera-se que o contrato preliminar contém gradação forte quando estão presentes, no mínimo, todos os requisitos essenciais do contrato definitivo.

Há, também, outros contratos preliminares que contêm grau médio de obrigatoriedade, nos quais, apesar da existência de alguns requisitos essenciais, ainda paira dúvida sobre a presença da íntegra de tais requisitos. A gradação da força do contrato preliminar com obrigatoriedade considerada média dependerá da análise de cada caso em especial, já que para cada situação requer-se um nível diferente de gradação obrigacional, para que o contrato preliminar seja considerado suficientemente capaz de impor a execução forçada e a consequente celebração do contrato definitivo.

Existem situações, pois, em que o contrato preliminar com nível obrigacional médio tem força suficiente para impor a execução forçada da obrigação nele inserida, e também existem casos em que o contrato preliminar com nível obrigacional médio não contém força suficiente para impor a execução, cabendo apenas a fixação de perdas e danos.

Há, ainda, contratos preliminares em que o grau de obrigatoriedade é considerado fraco, nos quais diversos itens restam pendentes de definição, especialmente alguns requisitos essenciais para a celebração do contrato definitivo. Nesses casos, embora o contrato preliminar tenha força para vincular as partes para futura contratação, tendo mais força do que os documentos preparatórios celebrados durante a fase das negociações preliminares, ainda não contém força suficiente para impor a execução forçada.

Nesse caso, ainda está distante a clareza sobre os pontos essenciais do contrato definitivo e, por isso, em caso de não cumprimento e não evolução das negociações, são cabíveis apenas as perdas e danos pela frustração decorrente da ruptura das negociações.

Segundo ANTONIO JUNQUEIRA DE AZEVEDO[225], essa é, sem dúvida, uma das mais tormentosas questões que se coloca quando se analisa o contrato preliminar e sua força vinculativa, especialmente com relação ao cabimento de execução específica:

> "Portanto, uma obrigação resultante de contrato preliminar pode ser forte ou fraca, conforme dê ou não direito à execução específica. Delineia-se, neste ponto, uma distinção capital para a compreensão da atual disciplina do contrato preliminar no direito brasileiro. Os elementos necessários para a configuração do contrato preliminar não podem ser confundidos com os pressupostos indispensáveis à execução específica do acordo."

ALCIDES TOMASETTI JUNIOR[226] considerou que o contrato preliminar poderia conter basicamente três graus de predeterminação do conteúdo do contrato definitivo. Para ele, os "níveis de preliminaridade do contrato preliminar" influenciam diretamente na força obrigacional do instrumento, para fins de sua imposição quando uma das partes não quer dar continuidade à celebração do contrato definitivo. Nesse sentido, confiram-se fragmentos do estudo elaborado pelo autor citado:

> "A análise da preliminaridade contratual revela a elasticidade do primeiro contrato relativamente à compreensibilidade, maior ou menor, do conteúdo do segundo, com a consequência de se apresentar, no encadeamento contrato preliminar-contrato definitivo, uma programação variável quanto à estabilização e a fixação do regramento contratual cuja introdução é diferida.
>
> a) No **estágio mais completo** dessa programação, o conteúdo do contrato definitivo já está totalmente preestabelecido no contrato preliminar. Exemplo que ilustra o grau máximo de fixação antecipada do conteúdo do contrato definitivo dá-se, na espécie já lembrada, em que as partes, por documento particular, prometem outorgar a propriedade integral de um imóvel que lhes pertence em comum, ao possuidor atual, também condômino, recebendo, em contrapartida, deste último, a renúncia de parte ideal de herança que lhe

---

[225] AZEVEDO, Antonio Junqueira de. **Novos Estudos e Pareceres de Direito Privado**. São Paulo: Saraiva, 2009, p. 250-272. "(PARECER) Contrato preliminar – distinção entre eficácia forte e fraca para fins de execução específica da obrigação de celebrar o contrato definitivo – estipulação de multa penitencial que confirma a impossibilidade de execução específica."
[226] TOMASETTI JUNIOR, A. **Execução do Contrato Preliminar**, cit., p. 22-24.

caberia juntamente com os demais figurantes no contrato-promessa. Neste caso, aguarda-se, simplesmente, o término do inventário, devendo então os promitentes outorgar a escritura definitiva do acordo de permuta já delineado em seus extremos. (...)

b) Um **termo médio** de programação existe quando algo falta – do conteúdo do contrato definitivo, na projeção antecipada pelo contrato preliminar – que não depende de ou pode facilmente prescindir de declarações inovativas dos figurantes, aos quais cabe propriamente então concluir um segundo contrato, isto é, fazer todo o necessário e suficiente para que este produza os efeitos queridos (...)

c) o **termo mínimo** de programação do contrato definitivo ocorre, na relação jurídica contratual preliminar, quando, fixada, no primeiro contrato, a base do regramento negocial cuja introdução é diferida, subsistem todavia em aberto pontos negociais que carecem de acordos residuais ulteriores, em virtude da complexidade ou da determinação *in fieri*, do conteúdo do segundo contrato no momento em que se dá a conclusão do preliminar"

Os contratos preliminares dispõem de intensidades e forças distintas ao longo do processo de formação do contrato definitivo, com a integração gradativa do conteúdo contratual e também a evolução da concretização do contrato definitivo.

Embora vinculante a partir de sua celebração, como demonstrado anteriormente, o contrato preliminar ainda não dispõe de força obrigacional suficiente durante o período inicial de sua formação. A partir de determinado momento, notadamente quando é possível constatar a existência dos requisitos necessários para a celebração do contrato definitivo, o contrato preliminar ganha força obrigacional suficiente para ser imposto (ainda que por via judicial) por quaisquer das partes nele envolvidas.

WANDERLEY FERNANDES E JONATHAN MENDES OLIVEIRA[227], ao analisarem o tema, consideram que:

> "Assim, como foi demonstrado acima – as partes, gradativamente, vão construindo o negócio, partindo mais e mais de um nível de incerteza razoável que lhes permite vincular-se entre si –, é possível que exista um nível maior

---

[227] FERNANDES, Wanderley; OLIVEIRA, Jonathan Mendes. **Contrato Preliminar: Segurança de Contratar,** cit. , p. 292.

ou menor de certeza quanto ao conteúdo do contrato definitivo também no momento da formação do contrato preliminar.

(...)

A classificação dos contratos pelo nível de preliminaridade já é, em si, uma confirmação de que o contrato preliminar também deve exercer uma função de dar garantia de vinculação ainda quando não estejam definitivamente estabelecidos todos os elementos do segundo contrato. E esta é a opção tomada, corretamente, pelo legislador quando reconhece que o contrato preliminar deve conter todos os requisitos essenciais, e não todos os requisitos (elementos) do contrato a ser celebrado."

Na realidade, a força obrigacional do contrato preliminar dependerá do tipo de negócio que se pretende celebrar, haja vista que para cada um existem diferentes elementos e requisitos a serem considerados para a formação efetiva do contrato definitivo, além das situações sócio-econômicas a serem consideradas. Deve-se, com isso, analisar cada caso específico para se ter certeza sobre o grau de obrigatoriedade que é necessário para a formação do contrato. Quanto mais adiantadas estiverem as negociações e mais completo estiver o contrato preliminar, maior será a força obrigatória do instrumento pré-contratual e, por consequência, maiores serão as chances de se impor a celebração do contrato definitivo.

Denota-se, com isso, que apesar de já vincular as partes desde a sua celebração, o contrato preliminar gera consequências diversas que dependem do nível de intensidade da força obrigacional inserida no contrato preliminar. Por meio do gráfico abaixo, destaca-se o momento em que há a vinculação entre as partes (por meio do contrato preliminar) e também a gradação obrigacional existente no âmbito do contrato preliminar, cujas consequências jurídicas básicas são: (i) requerimento de perdas e danos – quando o grau é fraco ou médio-fraco; ou (ii) faculdade de impor a execução forçada do contrato definitivo – quando o grau é forte ou médio-forte.

CONTRATO PRELIMINAR E SUA EFICÁCIA FUNCIONAL

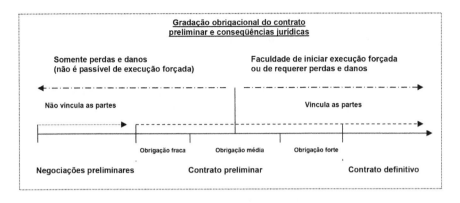

4.2.1. Contrato preliminar com grau de obrigatoriedade forte

Em sendo um contrato preliminar de obrigatoriedade forte (mais completo e próximo ao contrato definitivo), além da vinculação das partes, também será possível executar a obrigação de celebrar novo contrato. É possível que o contrato preliminar com grau de obrigatoriedade forte seja tanto unilateral quanto bilateral, sendo esta última modalidade a mais comum.

É sempre possível que a parte, mesmo que tenha a clara possibilidade de executar a obrigação assumida no contrato preliminar, venha a optar pelo perfazimento em perdas e danos, caso a outra parte tenha deixado de cumprir a obrigação de contratar no futuro e, portanto, tenha se esvaído a vontade mútua de celebrar novo contrato. O pagamento de indenização, se não estiver previsto no contrato preliminar (multa ou cláusula penitencial), poderá ser definido pela via judicial (ou arbitral) mesmo nos casos em que a obrigação for considerada forte.

Um exemplo tradicional de contrato preliminar com obrigatoriedade forte é o compromisso de compra e venda quitado, no qual consta obrigação do compromissário vendedor de alienar a coisa em virtude de já haver recebido a integralidade do preço.[228] Nesse sentido, confira-se posicionamento pacífico da jurisprudência:

"Promessa de venda e compra. Recibo passado pelos promitentes vendedores. Alegação de que as negociações não passaram de meras tratativas

---

[228] NERY JUNIOR, Nelson; NERY, Rosa Maria de Andrade. **Código Civil Comentado**, cit., p. 415.

preliminares. Negócio jurídico, porém consumado, tendo as partes deixado de formalizá-lo através de instrumento público. A despeito de ser instrumentalizado mediante um simples recibo, as partes celebraram um contrato preliminar, cuja execução se consumou com a entrega do imóvel ao compromissário comprador e com o pagamento do preço por este último, na forma convencionada. Improcedência da alegação segundo a qual as negociações não passaram de simples tratativas preliminares. (STJ, REsp n. 145204/BA, 4ª T., rel. Min. Barros Monteiro, j. 20.10.1998, v.u., DJ 14.12.1998, p. 245)."[229]

No caso específico do compromisso de compra e venda quitado, uma alternativa para obviar a recusa do vendedor seria a concomitante outorga, por este, de procuração irretratável e irrevogável a um terceiro (de preferência indicado pelo comprador), com poderes expressos para outorgar a escritura definitiva de venda e compra ao comprador, transmitir domínio, responder pela evicção de direito, etc.

Outro exemplo, diz respeito a famoso precedente em sede de procedimento arbitral, no qual se discutiu em detalhes os graus de obrigatoriedade do contrato preliminar envolvendo as cervejarias Cintra e Petrópolis (procedimento arbitral sigiloso administrado pelo Centro de Arbitragem da Câmara de Comércio Brasil-Canadá), concluindo-se que o contrato preliminar, que continha multa por descumprimento, continha grau de obrigatoriedade forte, o que impôs à cervejaria Cintra o pagamento da multa pré-estabelecida de US$ 25,000,000.00 por descumprimento do contrato preliminar.[230]

Nota-se que a obrigatoriedade forte pressupõe que os requisitos necessários do contrato definitivo estão presentes, faltando apenas alguns detalhes secundários para que se possa celebrar o contrato definitivo. É cabível

---

[229] ROSENVALD, Nelson. **Código Civil Comentado**, cit., p. 356.

[230] "Cintra terá de indenizar Petrópolis em R$ 45 milhões. O Tribunal Arbitral da Câmara de Comércio Brasil-Canadá condenou a cervejaria Cintra a pagar uma indenização de US$ 25 milhões (cerca de R$ 45 milhões) à concorrente Petrópolis pelo rompimento das negociações de aquisição. De acordo com a Folha de S.Paulo, por o Tribunal funcionar em instância única, não há possibilidade de recurso. Jaime Tronco, gerente jurídico da Petrópolis, diz que as cervejarias estavam negociando desde o fim de 2006. Em janeiro deste ano, as empresas teriam assinado oferta vinculativa, procedimento adotado pouco antes do fechamento do negócio. Mas, segundo Tronco, a Cintra deu preferência à AmBev, que ficou com as fábricas por US$ 150 milhões. Procurada pela Folha, a Cintra não se manifestou.". In http://tribunacatolica.blogspot.com/2008_01_01_archive.html) (acesso em 21/09/2009)

a execução forçada, mas também poderá se perfazer em perdas e danos, dependendo do interesse da parte prejudicada ou mesmo da viabilidade de se executar a obrigação[231].

Existem casos em que estão presentes todos os requisitos (necessários e secundários), mas as partes simplesmente optam por não celebrar o contrato definitivo.

Está-se, pois, diante de um instrumento preliminar com força suficiente para ser imposto por qualquer das partes e, caso não cumprido, confere força suficiente à parte prejudicada para exigir a execução forçada, pela via judicial, com a opção de pagamento de perdas e danos em caso de impossibilidade de execução forçada.

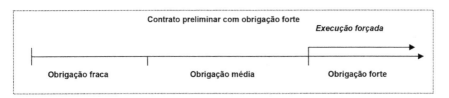

---

[231] "CASO PRÁTICO:
Em 1987, A, como promitente-vendedor, e B, como promitente-comprador, celebraram um contrato-promessa de compra e venda, assinado pelos dois, que tinha por objecto uma vivenda sita em Albufeira e onde se definia que o tribunal competente para qualquer litígio seria o da Figueira da Foz.
B entregou 500,000 euros a A, como princípio de pagamento, ficando de entregar os restantes 500,000 euros no acto da escritura.
B entrou, imediatamente, na posse do imóvel, tendo realizado obras urgentes, no valor de 100,000 euros, e obras de melhoramento no valor de 300,000 euros.
Na data aprazada, A recusou-se a celebrar o contrato prometido.
TÓPICOS DE SOLUÇÃO:
    (...)
– Qual é o promitente faltoso? A
– Quais são os direitos de B? *Dobro do Sinal e Dto. Retenção e Benfeitorias Necessárias e Úteis ou Aumento do Valor da Coisa e Dto. Retenção e Benfeitorias Necessárias e Úteis ou Execução Específica e Benfeitorias Necessárias e Úteis.* (...)" ABRUNHOSA, Ângelo. **O Contrato-promessa, Requisitos, Efeitos, Casos Práticos, Legislação, Jurisprudência Actualizada**, 2ed., Porto: VidaEconómica, 2008, p. 91.

4.2.2. Contrato preliminar com grau de obrigatoriedade média

Um contrato preliminar de obrigatoriedade média vincula as partes e, no caso de inadimplemento, somente será possível saber qual a consequência depois de analisado o caso concreto, para saber se é possível forçar a elaboração do contrato definitivo por meio de execução forçada ou se, ainda, a força obrigacional não atingiu o nível necessário para a imposição pela via judicial e, por consequência, a parte prejudicada tem direito apenas a perdas e danos.

Nos casos em que o contrato preliminar contém grau de obrigatoriedade média, ainda existe uma subdivisão entre grau médio-fraco, passível apenas de cobrança de perdas e danos, e grau médio-forte, passível de execução forçada ou perdas e danos em caso de descumprimento de obrigações assumidas por meio do contrato preliminar.

Um exemplo tradicional de contrato preliminar com grau obrigatoriedade médio-fraco é aquele em que os cônjuges, proprietários de bem imóvel, prometem dá-lo em garantia tão logo o bem seja liberado de determinado vínculo. Trata-se de situação em que ainda há algum impedimento ou condição para que o contrato preliminar possa ter seus efeitos integrais[232].

Como exemplo, também, destaca-se o já mencionado caso da celebração de contratos preliminares, para viabilizar a participação de empresas na concorrência para a construção de usinas termoelétricas, na época do "apagão" de energia elétrica (2001). Naquela oportunidade, os prazos eram exíguos para atendimento das especificações necessárias para a participação na concorrência, o que obrigou as partes envolvidas a estabelecer relações de maneira provisória, assumindo algum risco e acreditando que as obrigações assumidas seriam cumpridas na medida do possível. Havia uma segurança mínima das relações jurídicas, por meio de contratos preliminares, mas as forças obrigatórias desses documentos variavam de intensidade ao longo do processo.

Na maioria dos documentos preliminares nesse exemplo da época do "apagão", havia um nível médio-forte de obrigatoriedade, mas essa força poderia ser reduzida caso um dos requisitos inseridos naquele negócio

---

[232] NERY JUNIOR, Nelson; NERY, Rosa Maria de Andrade. **Código Civil Comentado**, cit., p. 415.

complexo não fosse cumprido. Por isso, até mesmo a classificação pelo grau de obrigatoriedade torna-se difícil em casos de extrema complexidade, devendo-se avaliar a situação fática e jurídica no momento em que se pretende impor, de forma forçada, a conclusão do negócio ou mesmo quando se pretende encerrar a relação e requerer perdas e danos.

Outro exemplo de contrato com grau de obrigatoriedade média diz respeito à celebração de contrato preliminar de locação de imóvel comercial em que a celebração do contrato definitivo está condicionada à aprovação do Conselho de Administração da companhia locatária.

A dúvida sobre a força obrigacional persiste até que seja possível identificar, por meio da análise da situação fática, se a empresa locadora tinha conhecimento ou não da condicionante imposta pela empresa locatária para a celebração do contrato definitivo. Se havia conhecimento da condição por parte da locadora, a força do contrato preliminar torna-se média-fraca (não passível de execução forçada). Já se não havia conhecimento da condição por parte da locadora, o contrato preliminar tem força obrigacional considerada média-forte, ou seja, passível de execução forçada.[233]

Uma alternativa que poderia ser cogitada no exemplo acima é dispor no contrato preliminar de locação comercial que, sendo a aprovação pelo Conselho de Administração da locatária uma condição suspensiva, ocorrendo a aprovação, o contrato entra automaticamente em vigor na mesma data.

Note-se, pois, que quando é possível que um contrato preliminar tenha seu grau de obrigatoriedade alterado durante as negociações, podendo transformar um contrato com obrigatoriedade média-fraca em obrigatoriedade média-forte, alterando a conseqüência jurídica. Assim, o mesmo documento, quando complementado com alguma informação essencial, torna-se mais forte e, portanto, passível até mesmo de execução forçada.

Outra alternativa seria condicionar a evolução das negociações à realização de certos eventos minuciosamente descritos (aprovação por determinado órgão, atingimento de determinada meta, implemento de certa condição, etc.). À medida que tais eventos vão sendo realizados ou atingidos, a vinculação vai se fortalecendo até tornar-se praticamente irretratável e irrevogável, dispensando, em certos casos, a celebração do contrato definitivo.

---

[233] Exemplo hipotético criado pelo autor.

Em negociações complexas como, por exemplo, aquelas envolvendo a aquisição de empresa em recuperação judicial, existem documentos e negociações paralelas que ocorrem ao longo do processo de recuperação judicial. De um lado, credores buscam reaver seus créditos, os proprietários buscam renegociar suas dívidas com credores, na maioria das vezes com bancos e, também, existem outras empresas (normalmente do mesmo setor) que demonstram interesse em adquirir integralmente ou parte dos ativos da empresa em recuperação judicial.

A empresa interessada em adquirir os ativos da empresa em recuperação demonstra sua intenção por meio de documento preliminar, na maioria dos casos, uma carta de intenções com uma declaração de sigilo para que seja possível ter acesso a informações confidenciais da empresa em recuperação judicial. A empresa interessada faz uma avaliação econômico-financeira, contábil e jurídica (*"due diligence"*) para se avaliar os riscos existentes e as chances de recuperação e renegociação de dívidas.

Paralelamente, a empresa interessada na aquisição celebra documentos bilaterais com credores, na sua maioria bancos ou fundos de investimento, normalmente memorandos de entendimentos para que sejam garantidas taxas mais atrativas e maiores prazos para pagamento das dívidas em caso de aquisição, evitando-se que eventual aquisição de ações seja frustrada em decorrência de um passivo impagável.

Documentos pré-contratuais são elaborados ao longo desse processo de análises e demonstrações de interesse, quase sempre com diversas condicionantes para sua validação e cumprimento. Esses documentos normalmente têm grau de obrigatoriedade médio-fraco. Tais documentos somente passam a ter grau de obrigatoriedade médio-forte quando há uma maior evolução das negociações e as partes aceitam fechar acordo preliminar que vincule as partes com um maior grau de certeza, com a definição dos requisitos essenciais do contrato final e sem um nível alto de condicionantes.

Essa maior força decorre primordialmente da realização auditorias e fechamento de acordos que confiram maiores garantias de que há efetivas chances de se fechar o negócio. Com isso, aqueles contratos preliminares celebrados em paralelo terão maior força e poderão até mesmo ser impostos pela parte que está comprando a empresa em crise[234].

---

[234] Exemplo hipotético criado pelo autor.

CONTRATO PRELIMINAR E SUA EFICÁCIA FUNCIONAL

O grau de obrigatoriedade do contrato preliminar vai se alterando ao longo do processo de evolução das negociações, podendo-se se considerar até mesmo uma análise percentual sobre os graus de completude do contrato, sempre considerando o contrato futuro a ser celebrado. Em um contato de compra e venda, por exemplo, se estiverem definidas as partes, o objeto for considerado lícito e tiver como se definir o preço (ainda que pendente de elementos futuros), estar-se-á diante de um contrato preliminar com mais de 50% de força e, por isso, estar-se-á diante de um contrato preliminar com grau de obrigatoriedade médio-forte. Acima de 50% de força, o contrato preliminar poderá ser passível de execução forçada e/ou indenização (a depender da análise do caso concreto).

Tem-se, com isso, que depois de ultrapassada a fase em que há uma vinculação econômica e de vontades, com maior grau de semelhança ao contrato definitivo, passa-se da linha imaginária de gradação média-fraca (abaixo de 50%) para a gradação média-forte (acima de 50%), cuja consequência fundamental são os efeitos para o caso de inadimplemento, ou seja, é possível à parte prejudicada optar pela execução forçada, quando cabível ao caso.

Dessa forma, tem-se que contratos preliminares em relações negociais complexas tendem a sofrer mutação quanto à sua força obrigacional e, por consequência, quanto à sua eficácia vinculativa ao longo do processo de formação do contrato definitivo.

4.2.3. Contrato preliminar com grau de obrigatoriedade fraca

Em sendo um contrato preliminar de obrigatoriedade fraca, apesar de vincular as partes, em caso de inadimplemento haverá restrição quanto à sua exequibilidade, cabendo apenas o perfazimento em perdas e danos.

CONTRATO PRELIMINAR

Um exemplo tradicional a ser considerado nessa situação é o próprio caso emblemático, anteriormente apontado como precedente em nossa jurisprudência, antes do advento do Código Civil de 2002. Trata-se do já mencionado Caso Disco[235], por meio do qual a empresa de supermercados estipulou em contrato preliminar de compra e venda de ações, a fixação de aluguel das lojas existentes com o valor do aluguel a ser futuramente estipulado. Por não haver definição do preço (requisito essencial do contrato definitivo), bem como por não haver definição de outros aspectos relevantes necessários para a constituição do contrato definitivo, o contrato preliminar continha nível de predeterminação, insuficiente para impor a sua celebração de forma forçada pela via judicial. Havia a possibilidade, no entanto, de obter reparação de eventuais perdas e danos[236].

Outro exemplo é um contrato de fornecimento de insumos essenciais para uma empresa petroquímica, cujas bases negociais estão acertadas, restando indefinido o preço do insumo porque o índice internacional, que seria parte da fórmula de preço, deixou de ser publicado na revista especializada. Surgiu um impasse quanto à definição de um novo índice, o que impediu uma definição clara do preço a ser cobrado.

No entanto, por se tratar de um insumo essencial, as partes optaram por celebrar um contrato preliminar, a fim de garantir o fornecimento a um preço pré-definido pelo prazo de um ano. Até lá, seria definido um novo índice para ser incluído na fórmula do preço e, com isso, poderia ser celebrado o contrato definitivo. Havia, ainda, disposição expressa no contrato, determinando que o índice provisório não poderia ser transformado em índice definitivo, já que teria validade limitada.

Neste caso específico, há uma situação de obrigatoriedade fraca, por não haver definição do preço. Há o direito da parte prejudicada a requerer perdas e danos, caso não seja definido o índice da fórmula de preço.[237]

---

[235] STJ, Recurso Extraordinário nº 88.716-RJ, rel. Min. Moreira Alves, j. 11.9.1979.
[236] NERY JUNIOR, Nelson; NERY, Rosa Maria de Andrade. **Código Civil Comentado**, cit., p. 415.
[237] Exemplo hipotético criado pelo autor.

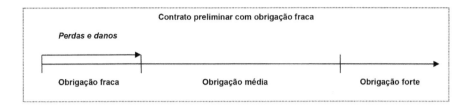

4.3. A funcionalidade do contrato preliminar nos negócios complexos

Diante da garantia de que o contrato preliminar tem a força de vincular as partes, exercendo a função primordial de conferir segurança e garantia a elas durante a fase pré-contratual, denota-se que o contrato preliminar está inserido no campo do direito obrigacional, ainda que em alguns casos, na prática, o efeito tenha natureza real.[238]

O contrato preliminar tem sua eficácia funcional assegurada pela ocorrência dos efeitos normais de um contrato, com a peculiaridade de que no contrato preliminar há uma cisão desses efeitos, haja vista que para a realização de uma operação unitária produzem-se os efeitos obrigacionais (do contrato preliminar) e, posteriormente, os efeitos eventualmente reais (do contrato definitivo).[239] Está-se, pois, diante de uma obrigação de fazer[240].

Segundo FERNANDO DE GRAVATO MORAIS[241], "os efeitos que emergem do contrato preliminar são sempre de natureza obrigacional, ainda que a promessa seja havida como real."

Para ENZO ROPPO[242], a função prevalente do contrato preliminar consiste no controle do programa contratual, avaliando os parceiros, os riscos do negócio futuro e os eventuais defeitos jurídicos ou materiais do objeto das futuras prestações. Trazer segurança às partes durante o processo de negociação é, como já mencionado, a principal função do

---

[238] MORAIS, Fernando de Gravato. **Contrato-Promessa em Geral – Contrato-Promessa em Especial**, cit., p. 31.

[239] TEIXEIRA, Tarcisio. **Contrato Preliminar Empresarial**, cit., p. 699-743.

[240] *"Según se dijo (retro, cap. I, ns. 2-3), El contrato preliminar determina el surgimiento de uma relación obligacional integrada por obligaciones de hacer."* GAMARRA, Jorge. **Tratado de Derecho Civil Uruguayo**. Tomo IX, Cuarta Edición. Montevideo: Fundación de Cultura Universitária, 1995, p. 107.

[241] MORAIS, Fernando de Gravato. **Contrato-Promessa em Geral – Contrato-Promessa em Especial**, cit., p. 31.

[242] ROPPO, Enzo. **O Contrato**, cit., p. 652.

CONTRATO PRELIMINAR

contrato preliminar[243], especialmente quando as partes atingem um nível de consenso suficiente para a elaboração de um documento. Nesse sentido, confira-se entendimento de MÁRIO JULIO DE ALMEIDA COSTA[244]:

"(...) o contrato-promessa é o mais forte, porquanto envolve relativamente a um ou a todos os intervenientes a obrigação de concluir determinado contrato nos termos estabelecidos. Mas cabem no conceito de negócios preparatórios ou preliminares figuras de conteúdo diverso, como o pacto de preferência, o acordo de princípio e o acordo-quadro."

No mesmo sentido, confira-se entendimento de MARISTELA BASSO[245]:

"o contrato preliminar ou contrato-promessa de contratar, constitui, como bem demonstra Comparato, um momento muito importante da formação progressiva do acordo, qual seja, aquele em que as partes se comprometem a concluir o contrato que é objeto de tratativas."

É plenamente compreensível, especialmente no caso de negociações complexas e envolvendo altos valores, que as partes queiram tirar uma "fotografia" dos pontos já acertados, ainda que não seja possível ou não queiram celebrar o contrato definitivo naquele momento.[246] Nesse sentido, denota-se consideração de EDUARDO SECCHI MUNHOZ[247]:

"a promessa de contratar, é bem de ver, passa a ser utilizada de sorte a permitir que as partes, no curso das intrincadas e complexas tratativas e negociações, que cada vez mais se prolongam, tenham segurança e previsibilidade de que, com relação a alguns pontos já não se pode voltar atrás e, sobretudo, que não se poderá desistir da celebração do negócio definitivo".

---

[243] FERNANDES, Wanderley; OLIVEIRA, Jonathan Mendes. **Contrato Preliminar: Segurança de Contratar**, cit., p. 277.

[244] COSTA, Mário Julio de Almeida. **Direito das Obrigações**, cit., p. 207-217-396.

[245] BASSO, Maristela. **Contratos Internacionais do Comércio: Negociação, Conclusão, Prática**, cit.,p. 264.

[246] MEDEIROS, Mariana Mendes. **Contratos Preliminares**, cit., p. 9.

[247] MUNHOZ, Eduardo Secchi. **Contrato Preliminar (Promessa de Contratar) no Direito Brasileiro – Estrutura, Função, Validade e Eficácia**. In www.socejur.com.br/artigos/ contrato_preliminar.doc (acesso em 18/04/2009).

O contrato preliminar tornou-se um instrumento relevante e útil aos negócios jurídicos atuais, mesmo quando se impõe o suporte do poder judiciário para garantir a plena eficácia do pacto preliminar.

Adicionalmente, o contrato preliminar tem como função a redução de custos econômicos dos negócios jurídicos e também da burocracia envolvida com a celebração do contrato definitivo. Além de possibilitar a viabilização de projetos que beneficiarão as partes, com um provável aprimoramento do negócio jurídico futuro. Nesse sentido, destaca-se entendimento de DARCY BESSONE[248]:

> "As partes não recorrem à complicação do duplo contrato, movidas, apenas, pelo gosto de se onerarem com múltiplas obrigações, mas atentas ao escopo de evitar, no presente, as consequências jurídicas da convenção definitiva.
>
> (...)
>
> As partes valem-se dele como um elemento de segurança nas relações previstas, o que é suficiente para justificar a sua presença no palco jurídico."

Ademais, também existem autores como WANDERLEY FERNANDES e JONATHAN MENDES OLIVEIRA[249], que consideram que o contrato preliminar tem uma função econômico-social:

> "(..) o contrato preliminar serve de instrumento de segurança ou de antecipação de efeitos de diferentes tipos contratuais. Ele não traz, em si, uma operação econômica típica, mas assegura que essa mesma operação aconteça no futuro. Também não é correto dizer que o contrato preliminar não contém um efeito patrimonial, pois este somente teria lugar com a conclusão do contrato definitivo. Sendo um contrato exigível, as partes poderão tomá-lo como integrante de um complexo de direito e obrigações que constitui o seu patrimônio. Além disso, como é demonstrado no texto, essa obrigatoriedade quanto à celebração do contrato definitivo é que poderá permitir às partes assumir outros compromissos tendo como pressuposto a conclusão de um contrato futuro."

---

[248] BESSONE, Darcy. **Do Contrato: Teoria Geral.** São Paulo: Saraiva, 1997, p. 53.
[249] FERNANDES, Wanderley; OLIVEIRA, Jonathan Mendes. **Contrato Preliminar: Segurança de Contratar,** cit., p. 276.

ARAKEN DE ASSIS, em obra coordenada por ARRUDA ALVIM e THEREZA ALVIM[250], ao comentar sobre a importância e a função do contrato preliminar, considera que:

"Firmemente baseado na autonomia privada, que lhe dá supedâneo nos ordenamentos carentes de um regime próprio, o pré-contrato constitui um vínculo bastante comum no mundo contemporâneo. Sempre é difícil localizar um fator fundamental e preciso para fenômenos desse jaez e porte. Como quer que seja, o pré-contrato de compra e venda ilustra o fundo econômico desse gênero de negócio, pois ele convém a ambos os figurantes, que desejam contratar: de um lado, o promissário, investido ou não na posse da coisa, ganha um termo propício ao pagamento em prestações do preço ou o tempo para conseguir um financiamento e pagar à vista o promitente; de outro, este se resguarda dos efeitos do inadimplemento, negando àquele o título hábil à aquisição do domínio. Objetivamente, os parceiros se reservam a futura complementação do contrato."

Existem, ainda, autores como THEREZA FRANCO MONTORO[251], que consideram que o contrato preliminar também exerce a função de reduzir os riscos de desavenças futuras entre as partes, já que ambas testaram o modelo e eventuais conflitos.

Nota-se que o alcance do uso de documentos preliminares (*term sheets, letter of intent, memorandum of understandings*, protocolo de intenções, etc.) e, obviamente, do contrato preliminar é amplo, podendo ser utilizado desde simples operações de compra e venda, fornecimento de produtos e serviços (nacionais ou internacionais), até operações societárias complexas, construção civil, *project finance*, oferta de ações em bolsa de valores (*IPOs*), *inter alia*, sempre com o fim de viabilizar uma maior segurança jurídica às partes durante o processo de negociação do contrato definitivo.

O contrato preliminar exerce atualmente, de forma sólida, a função de garantia para a realização do contrato futuro[252] e também serve de

---

[250] ASSIS, Araken (Coordenadores: ALVIM, Arruda e ALVIM, Thereza). **Comentários ao Código Civil Brasileiro**, cit., p. 436.
[251] MONTORO, Thereza Franco. **O Contrato Preliminar, o Novo Código Civil e a Análise Econômica do Direito**. no. 13, p. 153.
[252] FERNANDES, Wanderley; OLIVEIRA, Jonathan Mendes. **Contrato Preliminar: Segurança de Contratar**, cit., p. 276.

instrumento capaz de reduzir potenciais conflitos, custos desnecessários, entre outros aspectos que demonstram que a normatização do contrato preliminar, por meio do Código Civil de 2002, teve importantes reflexos na prática contratual.

Dessa forma, a despeito das divergências doutrinárias, o contrato preliminar exerce atualmente uma função de extrema relevância social e até mesmo econômica, por conferir maior segurança à fase pré-contratual, com a já mencionada vinculação obrigacional e a força executória, quando aplicável, para casos de inadimplemento do contrato preliminar.

4.4. As consequências jurídicas sob a ótica da gradação obrigacional do contrato preliminar

4.4.1. Cumprimento voluntário do contrato preliminar

No caso de cumprimento voluntário (ou espontâneo) das obrigações previstas no contrato preliminar, tem-se a celebração de um novo contrato pelas partes, o que torna o contrato preliminar eficaz na sua origem[253].

Nesse sentido, confira-se entendimento de NELSON ROSENVALD[254]: "[p]ara a celebração do contrato definitivo, deverá o contratante que cumpriu as suas obrigações interpelar o outro contraente, com a concessão de prazo razoável, a fim de que efetive a obrigação de fazer."

Além da simples celebração do novo contrato, deve-se também atentar para o fato de que o novo contrato não tenha qualquer vício ou disfunção suscetível de afetar a pretensão das partes e suas respectivas expectativas de direito.

O cumprimento do contrato preliminar traduz-se na conclusão do contrato definitivo projetado que, em regra, produzirá seus efeitos *ex nunc*,

---

[253] "(...) a) CUMPRIMENTO – acontece quando as partes, voluntariamente, realizam as obrigações que para elas resultam do Contrato, ou seja, quando o Contrato é executado nos seus *precisos termos*; de forma mais simples, pode-se dizer que há 'cumprimento do contrato' quando tudo corre bem, portanto, tal e qual conforme o previsto no próprio Contrato". ABRUNHOSA, Ângelo. **O Contrato-promessa, Requisitos, Efeitos, Casos Práticos, Legislação, Jurisprudência Actualizada**, 2ed., Porto: VidaEconómica, 2008, p. 51-52.

[254] ROSENVALD, Nelson. **Código Civil Comentado**, cit., p. 357.

mas que pode, por convenção das partes, dispor de uma eficácia retroativa, desde que, com ela, não sejam afetados direitos de terceiros[255].

O cumprimento efetivo da obrigação de contratar também é considerado quando as partes, livremente e de comum acordo, estabelecem alterações no contrato definitivo, ainda que digam respeito a aspectos e requisitos essenciais. As modificações inseridas no contrato definitivo não precisam estar acordadas previamente para terem validade e eficácia, sendo necessária apenas e tão-somente a concordância das partes. Isso porque, com o cumprimento do contrato preliminar, extinguem-se as obrigações nele previstas, passando-se para a celebração de novo instrumento, o contrato definitivo, que prevê novas obrigações. Nesse sentido, confira-se entendimento de LUIZ FABIANO CORRÊA[256]:

> "Cumpre-se o contrato preliminar ou pré-contrato com a realização do contrato principal ou definitivo. O pré-contratante que se oferece para concluí-lo só com isso já entrega a sua prestação e se livra da mora. E as novas obrigações geradas pelo contrato principal, ao mesmo tempo em que substituem as do contrato preliminar ou pré-contrato, promovem-lhes a extinção. Ocorre assim uma novação objetiva, nos moldes do art. 999, inc. I, do CC, porquanto as obrigações assumidas com o novo contrato, embora extingam as estabelecidas pelo contrato anterior, preservam-lhes, contudo, o objetivo econômico. O que se passa então está em perfeita conformidade com a ideia de novação que vem do direito romano, ou seja, a de constituição de uma nova obrigação que, tomando o lugar preexistente, a extingue."

Em verdade, o cumprimento do contrato preliminar implica na aplicação dos pressupostos convencionados pelas partes, no contrato prometido, para que esteja nele refletida a vontade contratual substancial das partes, anteriormente expressada por meio do contrato preliminar.

ORLANDO GOMES[257] bem define o cumprimento da obrigação principal prevista no contrato preliminar:

---

[255] PRATA, Ana. **O Contrato-Promessa e seu Regime Civil**, cit., p. 624.

[256] CORRÊA, Luiz Fabiano. **Contratos Preliminares ou Pré-Contratos.** Revista dos Tribunais, ano 86, v. 735, janeiro de 1997, p. 745.

[257] GOMES, Orlando. **Contratos**, cit., p. 164.

"Têm, pois, as partes, na promessa bilateral, e uma delas na promessa unilateral, a faculdade de exigir que se torne eficaz. Do seu exercício depende o nascimento dos efeitos do chamado contrato definitivo. A parte vinculada deve cumpri-la, sob pena de ser coagida a executá-la, em certos casos, e, em outros, a responder por perdas e danos."

Existem, no entanto, situações em que há omissão quanto à prestação debitória exata a ser cumprida por uma das partes, o que pode gerar confusão ou até mesmo conflitos quando do cumprimento espontâneo do contrato preliminar, já que não há completa definição do que se deve efetivar para a conclusão do contrato definitivo. De qualquer forma, o cumprimento espontâneo do contrato preliminar não gera maiores controvérsias.

4.4.2. O descumprimento do contrato preliminar

Influenciado pela melhor doutrina, incluindo-se o direito alienígena, como já demonstrado anteriormente, o Código Civil de 2002 trouxe, em seus artigos 462 a 465, a previsão expressa sobre as regras básicas aplicáveis ao contrato preliminar, em especial as consequências jurídicas para os casos de descumprimento das obrigações assumidas no âmbito do contrato preliminar[258]. Essa inovação no campo do direito obrigacional conferiu apoio aos já existentes artigos do Código de Processo Civil, que conferiam suporte às obrigações pré-contratuais.

---

[258] "(...) b) NÃO CUMPRIMENTO – acontece quando as partes não cumprem, voluntária e integralmente, as obrigações para elas resultantes do Contrato; de forma mais simples, o 'não cumprimento do contrato' significa que alguma coisa correu mal. (...)
1º) Quanto à CAUSA, distinguem-se dois tipos de 'não cumprimento':
   a) 'Impossibilidade do cumprimento e mora não imputáveis ao devedor' (...);
   b) 'Falta de cumprimento e mora imputáveis ao devedor' (...).
2º) Quanto ao Efeito, distinguem-se três tipos de 'não cumprimento':
   a) Não cumprimento definitivo – é impossível o cumprimento (...);
   b) Mora – o cumprimento ainda é possível e ainda conserva interesse para o outro contraente, mas o devedor não o efectuou 'no tempo devido' (...);
   c) Cumprimento defeituoso – o devedor realiza a sua prestação, mas não exactamente nos termos previstos no Contrato (...)." ABRUNHOSA, Ângelo. O Contrato-promessa, Requisitos, Efeitos, Casos Práticos, Legislação, Jurisprudência Actualizada, 2ed., Porto: VidaEconómica, 2008, p. 53.

Com isso, o contrato preliminar deixou de ser uma figura frágil[259] e passou a ter maior relevância no âmbito negocial, especialmente nas relações complexas. Passou-se a facultar às partes o estabelecimento de prazo para a execução voluntária do contrato, nos termos do artigo 463 do Código Civil de 2002.

Caso o prazo estabelecido se esgote sem a celebração espontânea do contrato definitivo, ou caso não esteja pendente qualquer condição acordada pelas partes (o que inclui a possibilidade de arrependimento), será possível requerer o auxílio do poder judiciário para que a vontade anteriormente esposada pela parte, ora inadimplente, seja suprida por meio de decisão judicial, obviamente que se a isso não se opuser a natureza da obrigação, nos termos do artigo 464 do Código Civil de 2002. Se não for possível a execução forçada do contrato preliminar, o artigo 465 subsequente prevê que a parte prejudicada poderá considerar desfeito o contrato preliminar e pleitear perdas e danos.

4.4.2.1. Execução forçada

PONTES DE MIRANDA[260], ao tratar de pré-contrato, prevê que: "O dever de concluir contrato pode resultar de negócio jurídico, de lei ou de decisão judicial". CANDIDO RANGEL DINAMARCO[261], por sua vez, constata que:

> "O direito moderno vem progressivamente impondo a tutela específica, a partir da ideia de que na medida do que for possível na prática, o processo deve dar a quem tem um direito tudo aquilo e precisamente aquilo que ele tem o direito de obter".

---

[259] Confira-se entendimento de SÉRGIO DE GODOY BUENO, ao criticar o a fragilidade do contrato preliminar sem a força executória: "sob este aspecto, o contrato preliminar perdia todo seu interesse prático, visto que, se não cumprido por uma das partes, nunca se chegava ao resultado almejado". BUENO, Sérgio de Godoy. **Contrato Preliminar,** cit., p. 20. In http://www.godoybueno.adv.br/artigo2.pdf.

[260] MIRANDA, Pontes. **Tratado de Direito Privado,** cit., p. 377.

[261] DINAMARCO, Cândido Rangel. **Instituições de Direito Processual Civil.** Vol. 1, 3ª edição. São Paulo: Malheiros, 2001, p. 153.

Com isso, a efetivação da vontade previamente manifestada pelas partes de celebrar o contrato definitivo poderá advir da celebração espontânea pelas partes ou, se for o caso, por meio de imposição judicial que, por sua vez, nada mais é do que um meio de fazer valer o que já estava previamente acordado pelas partes.

Uma vez celebrado o contrato preliminar contendo os requisitos essenciais do contrato definitivo, obrigam-se os contratantes a celebrar o contrato futuro, tornando-se possível a execução forçada, quando não houver previsão expressa do direito de arrependimento[262].

Nesse sentido, confira-se entendimento de MÔNICA YOSHIZATO BIERWAGEN[263]:

> "não se trata de compelir o devedor a firmar o contrato definitivo, com nova manifestação de vontade, mas de, através dos requisitos perfilhados no contrato preliminar, exigir judicialmente que se reconheça a eficácia da declaração nele contida, salvo se a isso se opuser a natureza da obrigação. Portanto, não haverá uma coerção física sobre o devedor para que expresse uma vontade, até porque nosso sistema não permite tal expediente, mas, tão-somente a fazer valer aquelas condições estipuladas anteriormente no bojo do contrato preliminar, o que se dá através de sentença judicial."

No mesmo sentido, confira-se posicionamento de HAMID CHARAF BDINE JUNIOR[264]:

---

[262] "Se o contrato preliminar não contiver a previsão do exercício do direito de arrependimento, qualquer das partes poderá exigir o cumprimento da obrigação de celebrar o contrato definitivo. Inexistindo prazo previsto no contrato preparatório para tanto, a pessoa que tomar a iniciativa deverá proceder à notificação da outra, fixando-se prazo para a celebração do negócio.

Ainda assim, não vindo a pessoa notificada a cumprir com a sua obrigação, o notificante poderá solicitar ao juiz de direito o suprimento judicial da vontade do notificado inadimplente, a fim de que o contrato preliminar tenha caráter definitivo.". SENISE LISBOA, Roberto. **Manual de Direito Civil, Contratos.** Vol. 3, 4ª edição. São Paulo: Saraiva, 2009, p. 125.

[263] BIERWAGEN, Mônica Yoshizato. **Princípios e Regras de Interpretação dos Contratos no Novo Código Civil.** 3ª. ed. São Paulo: Saraiva, 2007, p. 153.

[264] BDINE JR., Hamide Charaf. Compromisso de Compra e Venda em Face do Código Civil de 2002: Contrato Preliminar e Adjudicação Compulsória. RT-843, janeiro de 2006, 95º ano, p. 68.

"a exigência parece estar fundada na impossibilidade de o contratante recusar a manifestação de vontade na formação do contrato definitivo, na medida em que estará obrigado a celebrar o contrato. Esta obrigação não viola a autonomia da vontade, na medida em que tem origem em obrigação anterior livre e autonomamente assumida pelo promitente."

Ao comentar Código Civil de 2002, ARAKEN DE ASSIS, em obra coordenada por ARRUDA ALVIM e THEREZA ALVIM[265], destaca que:

> "A vontade de celebrar o contrato definitivo foi livre e eficazmente emitida no *pactum de contrahendo*, seguramente não 'pelo prazer de permutar declarações de vontade', e, sim, como meio preliminar de se alcançar o estágio final do contrato prometido."

A imposição forçada das obrigações previstas no contrato preliminar tem por base o negócio jurídico previamente estabelecido, com a livre manifestação de vontade das partes, bem como a imposição legal dele decorrente, que autoriza tanto a execução forçada, que está de acordo com a função social do contrato (artigo 421 do Código Civil de 2002), quanto a faculdade da parte prejudicada pelo inadimplemento optar por considerar o negócio desfeito e postular indenização por perdas e danos.[266]

Caberá à parte lesada a opção de iniciar a execução específica direta, com o fim de forçar o devedor a cumprir tal obrigação, nos termos dos artigos 463 e 464 do Código Civil de 2002 e nos artigos 466-A a 466-C do Código de Processo Civil. Ou seja, uma vez demonstrado que o contrato preliminar possui os elementos necessários e também contém grau de obrigatoriedade médio-forte ou forte (como demonstrado anteriormente), suficientes para autorizar o juiz de direito a substituir o devedor e a complementar o contrato preliminar com o fim de dar vida ao contrato definitivo, é possível a execução específica da obrigação negligenciada pela parte inadimplente.

Em contrapartida, a maior parte da doutrina atual, especialmente aqueles que analisam a execução específica do contrato preliminar sob a ótica do direito processual civil, consideram que é possível que o juiz substitua

---

[265] ASSIS, Araken de. **Comentários ao Código Civil Brasileiro**, cit., p. 445.
[266] BDINE JR., Hamide Charaf. **Compromisso de Compra e Venda em Face do Código Civil de 2002: Contrato Preliminar e Adjudicação Compulsória**, cit., p. 69.

a vontade da parte e complemente as lacunas deixadas quando for celebrado, de forma forçada, o contrato definitivo. Confira-se entendimento de ARAKEN DE ASSIS[267]:

> "(...) A modernização do processo civil brasileiro, iniciada pelo primeiro código unitário, instituiu-se remédio adequado à hipótese no art. 1006 do CPC de 1939. Emitiu-se a vontade de celebrar o contrato definitivo livre e eficazmente no *pactum de contrahendo*, seguramente não 'pelo prazer de permutar declarações de vontade', e, sim, como meio preliminar de se alcançar o estágio final do contrato prometido.
>
> De um modo geral, o art. 464 do CC de 2002 permite ao juiz lançar resolução conferindo caráter definitivo ao contrato preliminar ou, conforme rezava o revogado art. 639, in fine, do CPC, reproduzido no art. 466-B um provimento que produza 'o mesmo efeito do contrato a ser firmado'. 'é inescusável tratar--se de uma importante limitação ao princípio da autonomia privada', assinala Almeida Costa ao comentar o análogo art. 810 do CC português, mas ela se respalda no fato de os figurantes já terem declarado uma vontade definitiva acerca da celebração do contrato principal e, principalmente, na função social dos pré-contratos'.
>
> O art. 247 do CC de 2002, convertendo a prestação de fazer *in natura* a prestação pecuniária substitutiva, na verdade nenhum empecilho erige ao provimento substitutivo. A pretensão genérica à conclusão do contrato definitivo se funda no art. 463 do CC de 2002. E o pronunciamento judicial não atinge a incolumidade física do obrigado. O provimento opera no mundo jurídico, e, especialmente, no plano da eficácia. Não se compele o obrigado a manifestar sua vontade, *manu militari*, e sequer se lhe oferece oportunidade para cumpri-lo, como já previa o art. 1006, §2º, do CPC de 1939: simplesmente transforma o pré-contrato no contrato definitivo, gerando consequência idêntica à declaração espontânea.
>
> (...)
>
> Em síntese, a ação nascente do contrato preliminar, ou seja, do inadimplemento da obrigação de prestar declaração de vontade, exibe força executiva".

LUIZ RODRIGUES WAMBIER[268], por sua vez, considera que:

---

[267] ASSIS, Araken de. **Cumprimento da Sentença**. Rio de Janeiro: Forense, 2006, p. 67-82.
[268] WAMBIER, Luiz Rodrigues. **Sentença Civil: Liquidação e Cumprimento**. 3ª ed. São Paulo: Revista dos Tribunais, 2006, p. 448.

"No caso em que o devedor tem obrigação de concluir contrato, a obrigação é naturalmente infungível – ou seja, importa a declaração de vontade do devedor – mas juridicamente fungível, isto é, permite a norma jurídica que o mesmo efeito seja obtido através de outra declaração, distinta da que deveria ter sido prestada pelo devedor.

A sentença proferida nas hipóteses dos arts. 466-A a 466-C do CPC significa a substituição do ato devido pelo executado por ato do próprio juiz. No caso da sentença que 'substitui' a declaração de vontade do obrigado ou materialmente infungível, mas juridicamente fungível. Neste sentido é que se alude, também, à 'fungibilidade prática'."

Ao analisar o tema, LUIZ FUX[269] ressalta o seguinte:

"A razão do dispositivo está intimamente vinculada ao escopo do 'processo de execução', que consiste em dar à parte a plena satisfação do seu direito, tal como obteria se o devedor tivesse cumprido a obrigação.

(...)

Nessa hipótese, o Juiz supre a vontade do obrigado diante de sua ilegítima resistência, através da sentença à qual se confere o mesmo efeito que aquela declaração volitiva produziria. A sentença conclui o contrato, sem acrescer-lhe obrigações, produzindo-se os efeitos jurídicos que se produziriam, caso concretizado voluntariamente o negócio. As novas obrigações decorrentes da conclusão do contrato, e que a parte pretende exigir, posteriormente, deve pleiteá-la em pedido sucessivo cumulado. Consequentemente, acolhido o primeiro pleito de conclusão do negócio, passa-se ao segundo sobre a condenação nas obrigações emergentes.

(...)

O suprimento da vontade, através da via judicial, considera que, assumido no contrato preliminar o dever de conclusão definitiva (...)."

Nota-se que a parte que assumir a obrigação de celebrar o contrato definitivo por meio do contrato preliminar e, por qualquer motivo, não cumprir tal obrigação, pode ter contra si proferida uma sentença que produza o mesmo efeito, como se houvesse havido manifestação. Do contrato

---

[269] FUX, Luiz. O **Novo Processo de Execução (o Cumprimento da Sentença e a Execução Extrajudicial)**. Rio de Janeiro: Forense, 2008, p. 306-307.

CONTRATO PRELIMINAR E SUA EFICÁCIA FUNCIONAL

preliminar surge, pois, direito ao contrato definitivo[270]. A jurisprudência é uníssona nesse sentido, como se constata abaixo:

"AÇÃO DE OBRIGAÇÃO DE PRESTAR DECLARAÇÃO DE VONTA-DE. CONTRATO PRELIMINAR. PROMESSA DE COMPRA E VENDA. ARTIGO 639 DO CPC. Tratando-se de pretensão que se subsume na espécie do artigo 639 do CPC, e tendo reconhecido o Magistrado a obrigação de emitir declaração de vontade, cumpre também reconhecer que, não atendido, modo espontâneo a determinação judicial pela parte ré, a sentença produzirá os mesmos efeitos do contrato definitivo de compra e venda, na forma do art. 639 do CPC. Apelo provido."[271]

Neste ponto, é importante notar que alguns doutrinadores, como OR-LANDO GOMES[272] e SILVIO DE SALVO VENOSA[273], ao analisarem a exigência judicial do contrato preliminar, consideram que o papel do juiz seria apenas de determinar a execução específica, sem substituir a parte quando da celebração do contrato definitivo, no que diz respeito à complementação das lacunas ainda existentes no contrato preliminar.

É mister notar que, no caso de execução forçada da obrigação de celebrar contrato definitivo, deve-se atentar para a aplicação do secular instituto do *exceptio non adimpleti contractus*. Isso porque uma parte não pode exigir da outra obrigação contratual se ela mesma não tiver cumprido as suas próprias obrigações.

Vale mencionar, ainda, que o artigo 464 do Código Civil contém ressalva quanto à impossibilidade de se efetivar a execução específica, caso essa

---

[270] MIRANDA, Pontes de. **Comentários ao Código de Processo Civil**. Rio de Janeiro: Forense, tomo X, 1976, p. 115.

[271] Apelação Cível Nº 70012036893, Décima Nona Câmara Cível, Tribunal de Justiça do RS, Relator: Guinther Spode, Julgado em 06/09/2005

[272] "O juiz não se substitui à parte na conclusão do contrato; determina, apenas, a execução específica do pré-contrato. A noção de contrato repele evidentemente suprimento judicial, para sua formação". GOMES, Orlando. **Contratos**, cit., p. 152.

[273] "A sentença não é declaração de vontade da parte compromissada. A execução específica, porém, mune a parte de um título jurídico com os mesmos efeitos da declaração, quando isto for possível, ou determina o pagamento de indenização substitutiva. A execução coativa do contrato, entretanto, deve ser sempre procurada como uma solução que se aproxima do efetivamente pretendido pelos promitentes." VENOSA, Sílvio de Salvo. **Direito Civil – Teoria Geral das Obrigações e Teoria Geral dos Contratos**, cit., p. 578.

CONTRATO PRELIMINAR

medida seja contrária à natureza da obrigação. Essa ressalva diz respeito às obrigações *intuitu personae*, nas quais é impossível que o juiz supra a omissão da parte devedora.

Segundo ORLANDO GOMES[274], a sentença constitutiva, mediante a qual se procede à execução coativa em forma específica, é a solução que melhor condiz com a natureza do pré-contrato, deduzida pela teoria que nele integra o contrato projetado, chamado definitivo. Assim, caso a natureza da obrigação permita a solução por meio da execução específica, assim o será, tornando-se possível a aplicação do artigo 466-B do Código de Processo Civil, combinada com a aplicação dos artigos 462, 463 e 464 do Código Civil de 2002, que permite a obtenção de uma sentença que produza o mesmo efeito do contrato a ser firmado[275].

Atualmente a tendência interpretativa tem por base que a execução específica da obrigação de emitir declaração de vontade somente é possível caso o contrato preliminar não esteja sujeito a qualquer condição que impeça a execução forçada e tenha, ao menos, os requisitos essenciais do contrato definitivo, desde que a obrigação inserida no contrato preliminar tenha força suficiente para que seja efetivada a imposição pela via judicial, com destaque para a boa-fé objetiva e os demais deveres de conduta. Nesse sentido, confira-se ensinamento de NELSON ROSENVALD[276]:

> "Sendo o negócio jurídico preliminar válido, produzirá eficácia obrigacional consistente na possibilidade de execução específica da obrigação de fazer consubstanciada no contrato preliminar. A efetivação – voluntária ou coativa – do contrato principal enfatiza a presença dos elementos da responsabilidade do declarante e da confiança do declaratário, no sentido da seriedade do contrato preliminar. Portanto, sendo lícito o contrato preliminar, no sentido de ausência de qualquer ofensa à boa-fé objetiva e à função social do contrato

---

[274] GOMES, Orlando. **Contratos**, cit., p. 165

[275] Segundo ANTONIO JUNQUEIRA DE AZEVEDO os artigos do Código Civil e do Código de Processo Civil devem ser conciliados entre si de modo a conferir ao instituto uma flexibilidade e graduação que lhe são inerentes, para que o contrato preliminar seja adequado a toda e qualquer operação econômica e negócio jurídico subjacente. No entender do autor citado, se os artigos forem interpretados de modo literal e cada um isoladamente, "estar-se-ia negando a própria natureza do contrato preliminar, instrumento flexível e graduável". AZEVEDO, Antonio Junqueira de. **Novos Estudos e Pareceres de Direito Privado**, cit., p. 250-272.

[276] ROSENVALD, Nelson. **Código Civil Comentado**, cit., p. 356.

(art. 187, do CC), além de praticado por pessoas dotadas de capacidade negocial e legitimação para disposição de bens, qualquer dos parceiros poderá perseguir a execução específica."

Vale relembrar que a execução forçada somente é possível nos casos em que não há previsão de arrependimento, já que, conforme demonstrado anteriormente, com a previsão do arrependimento, as partes têm o direito de arrependerem-se, restando ao prejudicado apenas o recebimento de perdas e danos (pré ou pós-fixadas)[277].

Adicionalmente, é mister destacar que o uso da execução forçada do contrato preliminar extrapola o cumprimento da obrigação jurídica pré-definida, para conferir uma maior segurança para as relações negociais sob o ponto de vista econômico-social, conforme destacam WANDERLEY FERNANDES e JONATHAN MENDES OLIVEIRA[278]:

> "A invocação da tutela específica pelo credor vem ao encontro da já mencionada função econômico-social dos negócios. Conforme já foi dito acima, o objetivo das partes ao firmarem o contrato preliminar ou ao buscarem, por outras maneiras, a segurança durante as negociações é assegurar a formação do contrato definitivo – e não garantir o recebimento de uma indenização por perdas e danos. A indenização, embora solucione o conflito entre as partes, não o faz em sua melhor forma, visto que está em desacordo com a função econômica e social originalmente almejada pelas partes."

Assim, o contrato preliminar tem força vinculante e obriga as partes com relação aos aspectos essenciais do contrato definitivo, sendo possível a alteração dos requisitos secundários. Também devem estar necessariamente presentes no contrato preliminar os deveres de conduta, notadamente a boa-fé objetiva e a cooperação, que também têm o condão de tornar o contrato preliminar inválido e ineficaz. Adicionalmente, a execução forçada somente é possível quando há força obrigatória forte ou média-forte no contrato preliminar.

---

[277] BDINE JR., Hamide Charaf. **Compromisso de Compra e Venda em Face do Código Civil de 2002: Contrato Preliminar e Adjudicação Compulsória**, cit., p. 67.
[278] FERNANDES, Wanderley; OLIVEIRA, Jonathan Mendes. **Contrato Preliminar: Segurança de Contratar**, cit., p. 301.

CONTRATO PRELIMINAR

Por fim, denota-se que a execução forçada do contrato preliminar é uma faculdade da parte prejudicada, que pode requerer o encerramento da relação e perdas e danos (pré ou pós-fixadas).

4.4.2.2. Perdas e danos

Caso não seja possível a execução específica do contrato preliminar (grau de obrigatoriedade fraco ou médio-fraco), ou no caso de haver descumprimento das obrigações previstas no contrato preliminar, sem que haja um justo motivo, a parte prejudicada terá direito a receber perdas e danos (pré ou pós-fixadas), conforme estabelecido no artigo 465 do Código Civil de 2002.

É importante avaliar se existe ou não sinal (arras). Na falta de previsão de sinal, a indenização seguirá os princípios gerais estabelecidos nos artigos 402 a 405 do Código Civil. Se houve fixação de sinal, aplicam-se os artigos 418 e 419 do Código Civil.

Nesse sentido, confira-se entendimento de ARAKEN DE ASSIS[279], ao comentar o artigo 465 do Código Civil:

> "De acordo com o regime em vigor, o sinal constitui início do adimplemento, ministrando o art. 418 as seguintes diretrizes para a hipótese de resolução do contrato definitivo e, a fortiori, do preliminar: se o figurante que deu arras não executar o contrato preliminar, o outro retém a quantia recebida e, revelando-se ela insuficiente para cobrir o dano sofrido, tem direito à indenização suplementar prevista no art. 419; se o figurante que recebeu arras não executar o contrato, à contraparte toca pretensão à sua restituição 'mais o equivalente', ou seja, ao valor em dobro das arras.
>
> (...)
>
> Não existindo sinal, o regime da indenização devida pelo inadimplente, resolvido o pré-contrato, obedece ao regime geral. Embora seja concebível a resolução desacompanhada de perdas e danos, ordinariamente elas constituem o complemento natural da terapêutica resolutiva, em virtude da culpa no inadimplemento. Interessa definir, postulada a indenização, sua abrangência."

---

[279] ASSIS, Araken. (Coordenadores: ALVIM, Arruda e ALVIM, Thereza). **Comentários ao Código Civil Brasileiro**, cit., p. 490-491.

CAIO MARIO DA SILVA PEREIRA[280] bem expõe a subsidiariedade da solução por perdas e danos, em caso de não cumprimento do contrato preliminar:

"Somente quando não houver interesse do credor, ou não for possível lograr a sua outorga em razão de a natureza da obrigação a isso se opuser é que se cogita das perdas e danos (art. 464 e 465). Estas, conforme fixamos no nº 135, supra (vol. II), tomarão o lugar da prestação devida na obrigação de fazer. Mas não é a solução normal. A conversão da *res debita* no seu equivalente pecuniário – o *id quod interest* – é substitutiva da prestação específica que as partes ajustaram. A coisa devida é o contrato definitivo. É este que deve ser outorgado. E somente na hipótese de não ser possível ou indesejada pelo credor é que se passará ao campo da prestação pecuniária equivalente.

(...)

Se faltam ao contrato preliminar os requisitos que lhe atribuem a execução específica, nem por isso é destituído de efeitos, porque a obligatio faciendi, não podendo ser cumprida em espécie pela recusa injustificada do devedor, vai dar em conversão da prestação no seu equivalente pecuniário, sujeitando-se o contratante inadimplente ao ressarcimento das perdas e danos (art. 465)"

NELSON ROSENVALD[281], por sua vez, ressalta que:

"A norma em apreciação remete as partes a uma opção subsidiária, qual seja a indenização por perdas e danos contra o estipulante que não deu execução ao contrato preliminar.

Cuida-se, conforme exposto, de uma segunda possibilidade de atuação do credor, pois o sistema deseja precipuamente o adimplemento da obrigação, mesmo que o cumprimento se viabilize pela tutela específica. A noção tão contemporânea da efetividade do direito material indica que a obrigação nasce para ser cumprida e o ordenamento civil, pelo princípio da operabilidade, velará para que a relação obrigacional, como um processo, marche em direção ao seu término natural, sendo patológicas e excepcionais as hipóteses de inadimplemento e consequentemente pleito indenizatório.

Se toda a arquitetura do Código Civil de 2002 privilegia o adimplemento, a opção do art. 465 apenas será exercitada quando a natureza personalíssima da

---

[280] PEREIRA, Caio Mario da Silva. **Instituições de Direito Civil – Contratos**, cit., p. 90.

[281] ROSENVALD, Nelson. **Código Civil Comentado**, cit., p. 356.

obrigação se opuser à tutela específica ou quando for o desejo do próprio credor a conversão da coisa devida em seu equivalente pecuniário, nos termos dos arts. 389 a 420 do Código Civil, que cuidam da responsabilidade contratual.

Tecnicamente, a parte lesada pelo inadimplemento propugnará pela resolução do contrato conforme o indicado no art. 475 do Código Civil."

No caso de aplicação de verbas indenizatórias por inexecução das obrigações estabelecidas no contrato preliminar, haverá culpa a ser imposta à parte inadimplente e, por isso, será cabível indenização à parte inocente, pelos custos incorridos durante a fase pré-contratual, os lucros cessantes e, ainda, os custos necessários para a imposição da obrigação pela necessidade de movimentar o Poder Judiciário, o que também inclui as verbas de sucumbência.

TARCÍSIO TEIXEIRA[282] considera que:

> "Aqui é pertinente a consideração de que todos têm liberdade para contratar, porém, uma vez contratado, tem a responsabilidade de cumprir o avençado – *pacta sunt servanda* – não podendo escapar da obrigação, em regra (exceção é, por exemplo, a aplicação da teoria da imprevisão, prevista no art. 478 do Código Civil), sob pena de ser condenado a pagar indenização).
>
> (...)
>
> Só será indenizável o que efetivamente se perdeu, e o que deixou de ganhar por reflexo direto e imediato do inadimplemento da obrigação, na hipótese da não concretização do contrato definitivo, não podendo o credor-prejudicado ter 'aumento de patrimônio com a indenização'. Tudo isso mesmo que seja resultado de dolo do devedor"

Dessa forma, o inadimplemento contratual sempre terá repercussão na esfera patrimonial do devedor, mesmo naqueles casos em que ocorrer a execução forçada da obrigação de celebrar o contrato definitivo. A simples negativa de uma das partes já causa, por si só, danos à outra parte e, por isso, gera direito à indenização e, em muitos casos, a lucros cessantes. Este é, pois, o reflexo direto da aplicação das regras gerais do Código Civil, notadamente, da boa-fé objetiva, já que a negativa de uma das partes contratantes tem repercussão negativa no patrimônio da outra parte. Nesse sentido, confira-se entendimento pacificado em nossa jurisprudência:

---

[282] TEIXEIRA, Tarcisio. **Contrato Preliminar Empresarial**, cit., p. 723-725.

"APELAÇÃO CÍVEL. RESPONSABILIDADE CIVIL. DANOS MATERIAIS. PRÉ-CONTRATO. DESCUMPRIMENTO. Havendo expressa manifestação do contratante com pedido de preferência e exclusividade na aquisição de invento oferecido pelo contratado, vinculado a evento futuro e certo, seu descumprimento viola o princípio da boa-fé, surgindo o dever de indenizar quando presentes os requisitos ensejadores da responsabilidade civil. Apelo parcialmente provido. Apelo improvido."[283]

Como exemplo de uma situação complexa em que se pode pleitear perdas e danos, destaca-se a seguinte situação: A empresa "A" pretendia adquirir o controle (por meio da compra de 51% das ações) da empresa "B" (ambas sociedade por ações com capital fechado). A empresa "B" havia anteriormente assinado um instrumento concedendo à empresa "C" o direito de preferência, por prazo indeterminado, para aquisição das ações da empresa "B" para o caso de se optar pela venda.

A empresa "B" assinou termo de intenções (sem vínculo – *non-binding letter of intent*) com a empresa "A", demonstrando sua intenção em vender 51% da empresa "B", por meio do qual as partes determinaram preço e algumas condições básicas do negócio (forma de pagamento escalonada, presunção de propriedade de certos ativos e obtenção de renúncia de direitos da empresa "C" sobre as ações).

Posteriormente, as empresas "A" e "B" celebraram um novo acordo, este com o intuito de vincular as partes (*binding agreement*), que continha basicamente os mesmos critérios e requisitos apresentados no primeiro acordo, com duas condicionantes sendo: (i) aprovação final do instrumento pelo Conselho de Administração do comprador; e (ii) obtenção da renúncia da empresa "C" aos direitos que detinha sobre as ações ofertadas. O acordo valeria por 180 dias e não havia previsão de multa por descumprimento, bem como não foi exigido qualquer tipo de sinal.

A renúncia dos direitos detidos pela empresa "C" foi obtida, com a ressalva de que valeria apenas se o contrato definitivo entre as empresas "A" e "B" fosse celebrado dentro do prazo acordado ou enquanto o contrato preliminar fosse válido. A proposta de compra de 51% das ações foi concretizada pela empresa "A". No entanto, o vendedor deixou de celebrar o

---

[283] Apelação Cível nº 70009353079, Quinta Câmara Cível, Tribunal de Justiça do RS, Relator: Antonio Vinicius Amaro da Silveira, Julgado em 16/12/2004.

contrato definitivo, alegando que uma das condicionantes para a conclusão do negócio não havia sido cumprida. O Conselho de Administração da empresa "B" não aprovou a venda. Nesse meio tempo, enquanto perdurava o impasse com a empresa "A", a empresa "B" vendeu 51% de suas ações para a empresa "C", que celebrou contrato definitivo, sem que qualquer comunicação fosse feita à empresa "A".

A empresa "B" alegou que o contrato preliminar não teria mais validade, porque uma das condições para a sua celebração não foi cumprida. A empresa "C", por sua vez, alegou que teria apenas exercido seu direito de compra das ações com prioridade, haja vista que a renúncia teria perdido efeito. A empresa "A" alegou, então, que teria direito aos 51% das ações da empresa "B" e que a venda das ações para a empresa "C" deveria ser considerada nula, bem como requereu indenização pelos danos sofridos.[284]

Além das situações apresentadas acima, também é possível se requerer indenização quando o inadimplemento afeta a reputação ou o psíquico, ou seja, também é possível haver indenização com base nos danos morais sofridos por uma das partes, quando da não concretização das obrigações pré-contratuais, como se verifica abaixo:

> "São divergentes (e muitas vezes omissas) as posições doutrinárias quanto ao cabimento do dano moral em sede de indenização por inadimplemento obrigacional. No entanto, entendemos que se pelo não cumprimento de um contrato (aí incluída a não conclusão do contrato definitivo) houver prejuízos à reputação/imagem de uma sociedade empresária, seja no mercado em que opera, ou junto a fornecedores, clientes, colaboradores, etc., teria ela, em tese, o direito de pleitear dano moral ao devedor."

Vale notar, neste ponto, que a jurisprudência é pacífica quanto à possibilidade de ressarcimento por danos morais às sociedades empresárias, nos termos da Súmula 227 do Superior Tribunal de Justiça: "A pessoa jurídica pode sofrer dano moral".

Diante disso, constata-se que, em caso de não cumprimento do quanto previsto no contrato preliminar, as partes têm direito de requerer a reparação de perdas e danos incorridos pela ruptura das negociações, em especial,

---

[284] Exemplo hipotético criado pelo autor.

pelo não cumprimento das obrigações assumidas quando da celebração do contrato preliminar.

4.5. Justo motivo para alteração ou interrupção do contrato preliminar sem incidência de perdas e danos – desequilíbrio

Algumas situações podem ser consideradas como aptas a constituir justo motivo para a interrupção das negociações pré-contratuais ou mesmo impor alterações no contrato preliminar. Entre elas, destacam-se a suspeita de corrupção por uma das partes, violação dos deveres de consideração, *inter alia*. Na grande maioria, as situações em que há justo motivo para interrupção das negociações do contrato geram à contraparte o direito de pleitear perdas e danos.

Há, no entanto, uma situação especial em que é aceitável efetuar a alteração do contrato, ou até mesmo a interrupção das negociações, sem que sejam configurados os requisitos necessários para a responsabilização civil de uma das partes. Trata-se da situação em que há modificações supervenientes das circunstâncias negociais, seja por ocorrência de eventos considerados imprevisíveis e extraordinários[285], seja por ocorrência de

---

[285] "Essa impossibilidade deve provir de caso fortuito ou de força maior, que se verifica no fato necessário, cujos efeitos o devedor não podia evitar, ou impedir. Há de ser, portanto, impossibilidade objetiva, pois, quando diz respeito à própria pessoa do devedor ou este concorre para que a prestação se torne impossível, a inexecução não pode ser considerada involuntária. A impossibilidade, ademais, deve ser total. Em sendo parcial, a resolução do contrato não é imperativa, porque o credor pode ter interesse em que, ainda assim, o contrato seja executado. Esse interesse pode existir, principalmente, nos contratos que têm por objeto a prestação de várias coisas principais ou de uma coisa principal e de uma ou várias coisas acessórias. A impossibilidade deve ser definitiva. Se temporária, como se verifica mais frequentemente nos contratos de execução continuada, não se justifica a resolução, salvo se persiste por tanto tempo que o cumprimento da obrigação deixa de interessar o credor. Normalmente, porém, a impossibilidade temporária acarreta apenas a suspensão do contrato.
    (...)
Não se deve confundir impossibilidade com dificuldade, ainda quando esta se apresenta sob a forma de impossibilidade econômica por se ter tornado excessivamente onerosa a prestação, mas a doutrina moderna preconiza a equiparação da dificultas praestationes à impossibilidade, sempre que, para cumprir, tenha o devedor de fazer sacrifícios consideráveis." GOMES, Orlando. **Contratos**, cit., p. 177.

CONTRATO PRELIMINAR

desequilíbrio econômico-financeiro da relação contratual, com base na onerosidade excessiva ou alteração da base negocial[286].

No Brasil, diversas foram as situações em que se aplicou a teoria da alteração da base negocial para impor a revisão do contrato[287]/[288]/[289] ou mesmo interromper a relação negocial[290], com destaque, por exemplo, para eventos de grande repercussão econômica e social, tais como crises econômicas ou políticas, entre outras.

---

[286] *"[a] la 'base' objetiva de un contrato, que ha de existir aunque pueda (según la voluntad de las partes) cumplirse de otra forma su finalidad y deba subsistir generalmente como una ordenación en cierto modo conveniente, pueden pertenecer también aquellas circunstancias, como la conservación del valor de la moneda o la admisibilidad del uso de una cosa arrendada en la forma prevista en el contrato [...]".* LARENZ, Karl. **Derecho de Obligationes**, cit., p. 243.

[287] CASADO, Márcio Melo. **Proteção do Consumidor de Crédito Bancário e Financeiro.** São Paulo: Revista dos Tribunais, 2000, p.229.

[288] "(...) o contrato só deverá subsistir se as circunstâncias objetivas, ou seja, aquelas necessárias para que o propósito das partes seja atingido, também subsistam como regulamentação dotada de sentido. Esta desaparecerá em sua base objetiva quando a relação de equivalência entre prestação e contraprestação pressuposta no contrato destrua-se em tal medida que não se possa mais falar em 'contraprestação'.". BARLETTA, Fabiana Rodrigues. **A Revisão Judicial por Onerosidade Superveniente à Contratação Positivada no Código do Consumidor, sob Perspectiva Civil-Constitucional**. In TEPEDINO, Gustavo. **Problemas de Direito Civil-Constitucional**. Rio de Janeiro: Renovar, 2000, p. 296.

[289] "A justiça contratual é o equilíbrio entre os direitos e obrigações dos contratantes, a distribuição eqüitativa dos ônus e riscos decorrentes do contrato entre as partes, os quais não devem ser medidos exclusivamente pela avaliação destas, mas também de acordo com o critério objetivo da equivalência entre prestações e contraprestações, ou correspondência sensível entre seus valores.

O princípio da equivalência material busca realizar e preservar o equilíbrio real de direitos e deveres no contrato, antes, durante e após sua execução, seja para manter a proporcionalidade inicial dos direitos e obrigações, seja para corrigir os desequilíbrios supervenientes, os quais podem ser previsíveis ou não.". MARQUES, Maria Beatriz Loureiro de Andrade. **Novas Figuras Contratuais**. São Paulo, 2005, Tese (Doutorado), Data da Defesa 15.08.2005, p. 112.

[290] "O princípio é o de que qualquer dos contratantes, desde que se torne inviável um acordo, dentro de um sistema de apreciação ou reapreciação própria das respectivas conveniências, tem o direito de interromper o *iter negotii*, sem responsabilização alguma para com a parte contrária. Essa inconciliação de posições que legitima a ruptura pode fundar-se em razões objectivas de natureza econômica, como acontecerá via de regra, ou mesmo em razões subjectivas, quer dizer, ligadas à personalidade da outra parte, mormente nos negócios onde os elementos pessoais assumem especial relevância (por ex., na constituição de uma sociedade em nome coletivo).". COSTA, Mário Júlio de Almeida. **Responsabilidade Civil pela Ruptura das Negociações Preparatórias de um Contrato**. Coimbra: Coimbra, 1984, p. 62-63.

Assim, seja qual for a fase da relação jurídica obrigacional, o equilíbrio entre as partes é essencial, e eventual alteração substancial que venha a causar um ônus desproporcional a uma das partes já pode servir de motivo para que, desde que comprovado no caso concreto, seja reequilibrada a relação negocial ou até mesmo terminada a negociação, sem a incidência de perdas e danos. Trata-se, pois, de uma exceção à regra anteriormente apresentada.

4.6. A eficácia do contrato preliminar perante terceiros

O parágrafo único do artigo 463 do Código Civil de 2002 dispõe sobre a necessidade de registro do contrato preliminar, para que este tenha validade perante terceiros.

Em análise sobre o tema, NELSON ROSENVALD[291] demonstra que a interpretação do referido artigo pode levar a duas interpretações distintas. Uma, de que o registro do contrato preliminar seria requisito de validade, e outra, de que o registro do contrato preliminar conferiria a este eficácia real. Nesse sentido, confira-se fragmento da análise sobre a melhor hermenêutica do artigo 463 do Código Civil:

> "(...) se entendermos que o legislador condiciona a validade do negócio jurídico preliminar ao registro (RGI para imóveis e cartório de títulos e documentos para bens móveis), poderíamos concluir que o legislador não agiu com acerto. Com efeito, não devemos confundir a eficácia obrigacional do contrato preliminar com a sua eficácia real. Aquela é restrita às partes e independe do registro, posto que é suficiente à satisfação das obrigações inseridas no contrato preliminar para que se pretenda a execução específica a que remete o *caput* do dispositivo. Já a eficácia real, concedida pelo registro, objetiva apenas tutelar os contratantes perante terceiros, dotando as partes de sequela e oponibilidade do instrumento em caráter *erga omnes*, caso o objeto da prestação seja transmitido a terceiros no curso da execução do contrato preliminar. Enfim, exigir o registro do instrumento para fins do exercício de pretensão ao contrato definitivo é confundir a eficácia real com a obrigacional, restrita aos celebrantes do negócio prévio.

---

[291] ROSENVALD, Nelson. **Código Civil Comentado**, cit., p. 357.

Portanto, parece-nos que a melhor hermenêutica da norma consiste em considerar que o legislador pretendeu afirmar a existência do registro como forma de concessão de eficácia perante terceiros (coletividade), e não como requisito de validade do negócio."

CAIO MARIO DA SILVA PEREIRA[292], ao analisar a necessidade de registro público do contrato preliminar, destaca que tal procedimento é uma exigência para que o contrato preliminar gere efeitos perante terceiros, não sendo, pois, uma exigência para a própria validade do contrato preliminar:

"Quanto à exigência de registro público, a regra do parágrafo único do art. 463 traz alguma dificuldade interpretativa, pois parece à primeira vista exigir o registro para a validade do contrato preliminar. Essa não é, no entanto, a melhor interpretação desta norma. O registro é exigido para que o contrato tenha efeitos em relação a terceiros. Entre as partes o contrato preliminar pode ser executado mesmo sem o registro prévio. O registro deve ser feito segundo a natureza do objeto. No caso de bens móveis, no Registro de Títulos e Documentos; no de bens imóveis, no Registro de Imóveis onde estiverem localizados."

JONES FIGUEIREDO ALVES[293] considera que "O legislador preferiu tornar necessário o registro do pré-contrato. A eficácia real, decorrente do registro, gera efeito erga omnes para prevenir direitos em face de terceiros." SILVIO DE SALVO VENOSA[294] apresenta clara interpretação no sentido de que o termo "deverá", inserido no artigo 463 do Código Civil, tem, na verdade, a intenção de facultar o registro do contrato preliminar para que este venha a gerar efeitos *erga omnes* e eficácia real:

"O interessado poderá levar o pré-contrato a registro, geralmente o imobiliário, se o desejar, embora a nova lei utilize o termo deverá. É evidente que para ser ultimado o registro o contrato preliminar deve obedecer os requisitos exigidos pela legislação registral, o que deve ser examinado caso a caso."

---

[292] PEREIRA, Caio Mario da Silva. **Instituições de Direito Civil – Contratos**, cit., p. 90.
[293] ALVES, Jones Figueiredo. **Código Civil Comentado**, cit., p. 421.
[294] VENOSA, Sílvio de Salvo. **Direito Civil – Teoria Geral das Obrigações e Teoria Geral dos Contratos**, cit., p. 578.

MARCOS JORGE CATALAN[295], ao analisar os aspectos polêmicos do contrato preliminar, em especial com relação à eficácia perante terceiros, considera o seguinte:

> "Nesse contexto, é evidente que no atual estágio do direito civil há de se refletir acerca da doutrina da tutela externa ou tutela delitual o crédito, que traz ao direito obrigacional a possibilidade de oponibilidade erga omnes de direitos reais, impondo-se a terceiros o dever jurídico de não colaborar com a inexecução das obrigações pactuadas entre as partes.
>
> Ocorre que, se de um lado os terceiros estão obrigados a respeitar as relações negociais entabuladas pelas partes, por outro se impõe que para tanto os mesmos devem ter ciência da existência delas, estado que se prova por meio da inscrição da minuta do contrato preliminar perante o Cartório de Títulos e Documentos, sendo que o direito real sobre o imóvel será adquirido mediante a averbação do pré-contrato junto à matrícula do imóvel no Cartório de Registro de Imóveis, como prevê o Código Civil. Na hipótese de os contratantes deixarem de observar a devida inscrição da minuta que instrumentaliza o pré-contrato, que é uma faculdade e não um dever, como a leitura superficial da aludida regra induziria a pensar, haverá ineficácia relativa, posto que o negócio não produzirá efeitos em relação a terceiros, como ocorre também nas hipóteses da não notificação do cedido na cessão de crédito ou na venda a *non domino*."

Corrobora esse entendimento a interpretação do artigo 413º do Código Civil português, o qual deu origem à norma brasileira sobre a eficácia real do contrato preliminar. Nesse sentido, confira-se entendimento de FERNANDO DE GRAVATO MARAIS[296]:

> "O art. 413º CC trata da 'eficácia real da promessa', sendo esta, de resto, a sua epígrafe. Vejamos a redacção por força do DL 116/2008, e 4 de Julho:
> – à promessa de transmissão ou constituição de direitos reais sobre bens imóveis ou móveis sujeitos a registro, podem as partes atribuir eficácia real, mediante declaração expressa e inscrição no registro (nº 1).

---

[295] CATALAN, Marcos Jorge. **Considerações Sobre o Contrato Preliminar: em Busca da Superação de Seus Aspectos Polêmicos**. In DELGADO, Mário Luiz. **Novo Código Civil: Questões Controvertidas no Direito das Obrigações e dos Contratos**. Volume 4. São Paulo: Editora Método, 2005. p. 335.

[296] MORAIS, Fernando de Gravato. **Contrato-Promessa em Geral – Contrato-Promessa em Especial**, cit., p. 54.

– salvo o disposto em lei especial, deve constar de escritura pública ou de documento particular autenticado a promessa a que as partes atribuam eficácia real; porém, quando a lei não exija essa forma para o contrato prometido, é bastante documento particular com reconhecimento da assinatura da parte que se vincula ou de ambas, consoante se trate de contrato-promessa unilateral ou bilateral."

MÁRIO JÚLIO DE ALMEIDA COSTA[297], por sua vez, ressalta que no direito português:

"(...) não falta, todavia, quem se incline para que, em face da letra da lei, o registro tenha 'agora uma função constitutiva' – ou seja, constitutiva de um direito real (cfr. PIRES DE LIMA/ANTUNES VARELA, *Cód. Civ. Anot.*, cit., vol. I, pág. 388, anotação 1 ao art. 413º; também págs. 386 e seg., anotação 2 à versão originária do preceito). Outra orientação entende que a lei atribui a tal registro mero valor consolidativo e, nesta linha, sustenta-se que um contrato--promessa com eficácia real, não registrado, é oponível a terceiros que não tenham, perante o registro, melhor posição (ver A. MENEZES CORDEIRO, Direito das Obrigações, cit., vol. I, págs. 473 e seg., e *O Novíssimo regime do contrato-promessa*, cit. in 'Estudos de Direito Civil', vol. I, págs. 76 e segs.)."

O entendimento pátrio vem se consolidando de forma a conferir às partes a faculdade de registrar o contrato preliminar, para que seja a ele conferida a eficácia real oponível a terceiros, conforme se depreende pela análise do Enunciado nº 30, aprovado pela I Jornada de Direito Civil[298], promovida pelo Centro de Estudos Judiciários do Conselho da Justiça Federal, no período de 11 a 13 de setembro de 2002, sob a coordenação científica do Min. Ruy Rosado, do Superior Tribunal de Justiça, que determina: "A disposição do parágrafo único do art. 463 do novo Código Civil deve ser interpretada como fator de eficácia perante terceiros".

HUMBERTO THEODORO NETO[299], ao analisar os efeitos externos do contrato, em especial no que diz respeito à violação de uma promessa de venda ou de um pacto de preferência, considera o seguinte:

---

[297] COSTA, Mário Júlio de Almeida. **Direito das Obrigações**, cit., p. 411-412.

[298] In http://daleth.cjf.jus.br/revista/enunciados/IJornada.pdf

[299] THEODORO NETO, Humberto. **Efeitos Externos do Contrato – Direitos e Obrigações na Relação entre Contratantes e Terceiros**. Rio de Janeiro: Ed. Forense, 2007, p. 127-128.

"No contrato de promessa de venda, essa pode não ser concluída imediatamente, tendo o promissário comprador um determinado tempo para realizar o pagamento pela aquisição da coisa. Nesse período, o promitente vendedor se encontra obrigado a vender ao beneficiário. Pode ocorrer de uma segunda pessoa vir posteriormente a ajustar nova compra e venda sobre o mesmo bem em prejuízo do beneficiário anterior. Se esse segundo comprador promover o registro da aquisição em primeiro lugar, resta claro o prejuízo do outro beneficiário anterior, pois o vendedor não cumpriu sua palavra e ele ficou privado do bem que lhe fora prometido. Nesse caso, como veremos no tópico seguinte sobre a jurisprudência francesa, tem-se decidido em França que o contratante prejudicado pode invocar a responsabilidade contratual contra o promitente, fundado na promessa de venda, mas também pode agir contra o terceiro, com base em responsabilidade delitual, que conscientemente impediu o promitente de respeitar o contrato inicial. A mesma responsabilização se reconhece ao terceiro que desrespeita conscientemente pacto de preferência que beneficia outro pretenso adquirente do bem a ele alienado ilegitimamente."

Diante dessa análise, nota-se que a melhor interpretação do referido dispositivo legal consiste em considerar que se pretendeu dar força à exigência do registro como forma de tornar o contrato preliminar oponível e eficaz perante terceiros, e não como um requisito de validade do próprio negócio.

4.7. A eficácia do contrato preliminar nas relações obrigacionais gratuitas

As relações obrigacionais gratuitas são aquelas em que uma das partes concede à outra, vantagens sem contraprestação, como na doação, no comodato, na fiança, dentre outros. Assim, diz-se que o contrato a título gratuito é aquele que apenas uma parte sofre o "sacrifício" patrimonial, enquanto a outra obtém um benefício. O contrato gratuito típico é a doação sem encargo, ou também conhecida por doação pura. A doação caracteriza-se, ainda, por não ter prestação correspectiva ou sinalagmática.[300]

---

[300] MORAES, Maria Celina Bofin de. **Notas sobre a promessa de doação** (in **Termas relevantes do direito civil contemporâneo, reflexões sobre os cinco anos do Código Civil** – estudos em homenagem ao professor Renan Lotufo), São Paulo: Atlas, 2008, p. 528/529.

A aplicação do contrato preliminar às relações obrigacionais gratuitas, no entanto, traz à baila divergências doutrinárias relevantes acerca da possibilidade e até mesmo da eficácia do contrato preliminar que tem por objeto evento gratuito futuro, por ter como fundamento ato de liberalidade da parte.

Aquele que se compromete a conceder gratuitamente o bem ou serviço está totalmente imbuído, no momento da celebração do contrato preliminar, da intenção de efetivar uma concessão gratuita futura. Porém, existe a possibilidade de que, quando da efetivação dessa promessa (no futuro), aquele que tinha a intenção de doar, por qualquer motivo, deixe de ter a intenção de conceder gratuitamente o bem ou o serviço.

Embora o contrato preliminar esteja atualmente imbuído de força vinculante e confira ao credor da obrigação assumida o direito de tornar aquela promessa real, por meio da execução forçada (com auxílio do poder judiciário), ainda paira dúvida se as mesmas alternativas aplicáveis ao contrato preliminar oneroso, também seriam aplicáveis em caso de contrato preliminar gratuito. Isso porque, nos contratos que tenham por objeto bem ou serviço gratuito, notadamente a doação, a promessa de concessão gratuita consiste em mera liberalidade e, por isso, não poderia, em tese, ser exigível judicialmente e, muito menos ser reparado por meio indenizatório.

Existem divergências hermenêuticas relevantes a serem consideradas, haja vista a necessidade de se analisar a força vinculativa do contrato preliminar em matéria que tem por base a total liberalidade da parte promitente e, ao mesmo tempo, a expectativa criada pelo beneficiado.

A doutrina tem dividido opiniões sobre o tema, que variam desde a impossibilidade de celebração do contrato preliminar até a ineficácia do mesmo. A maior parte da doutrina nacional considerava, até o advento do Código Civil de 2002, que não seria possível haver contrato preliminar gratuito, mais especificamente, não seria possível haver promessa de doação, por ser impossível "obrigar" alguém a praticar ato que consiste em mera liberalidade. Segundo esta corrente, liderada no Brasil por AGOSTINHO ALVIM[301], MIGUEL MARIA DE SERPA LOPES[302] e CAIO MÁRIO DA

---

[301] "E a natureza do negócio da doação é incompatível com o seu aperfeiçoamento, sem o *animus donandi* atual." ALVIM, Agostinho. **Da Doação.** 2ªed., São Paulo: Saraiva, 1972, p. 43.

[302] "Na verdade, se alguém se comprometesse a doar, a outorgar uma escritura de doação, e no momento da exigibilidade dessa prestação, não a quisesse realizar? Qual a conseqüência jurídica dessa inadimplência? Poder-se-ia pedir a execução coativa dessa obrigação a título

SILVA PEREIRA[303] e suportada pela jurisprudência nacional anterior ao Código Civil de 2002[304], tampouco seria possível proceder à execução em

gratuito ou uma indenização por perdas e danos? Entendemos impossível qualquer das duas soluções, já que nos atos a título gratuito, só por dolo responde aquele a quem o contrato não favoreça." SERPA LOPES, Miguel Maria de, op. cit., v. III, p. 387-388.

[303] "É da própria essência da promessa de contratar a criação de compromisso dotado de exigibilidade. O promitente obriga-se. O promissário adquire a faculdade de reclamar-lhe a execução. (...) doação por determinação da justiça, liberalidade por imposição do juiz e ao arrepio da vontade do doador." SILVA PEREIRA, Caio Mário da. Op. cit., p. 225.

[304] "Doação – Promessa de doação – Discussão do tema, predominante na doutrina brasileira a da inexistência da promessa de doação, acolhida na jurisprudência da Corte. Precedentes. Recurso Extraordinário conhecido e provido." (STF, RE 105.862-5/PE, Rel. Min. Oscar Corrêa, ac. de 30.8.85, in RT, 602/269)

"Desapropriação indireta. Ação de indenização. Promessa de doação – Imóvel expropriado indiretamente pela administração pública. Carência da ação indenizatória decretada pelo Acórdão recorrido com fundamento em anterior promessa de doação ajustada em documento particular. Orientação que contradiz o dogma fundamental, em matéria de doação, acolhido num dos acórdãos indicados como paradigma: a persistência do animus donandi, sendo sempre possível o arrependimento ou a revogação da promessa. Recurso extraordinário conhecido e provido." (STF, RE 94.278/SP, Rel. Min. Soares Muñoz, ac. de 19.5.81, in RTJ 103/327)

"Doação – Promessa – Requisito – Atualidade da vontade de doar – Possibilidade de revogação do ato a qualquer tempo desde que antes de sua consumação – Natureza jurídica de liberalidade, não cabendo qualquer enquadramento como obrigação de fazer – Promessa contratual, ademais, que é exigível somente nos contratos a título oneroso – Decisão mantida – Embargos rejeitados" (TJSP – 4.2.93 – Rel. Soares Muñoz)

"Doação – Promessa – Ato de liberalidade que não comporta execução forçada diante do arrependimento da revogação – Encargos rejeitados – Voto vencido – Não tem valor algum uma promessa de doar. A doação, ou existe, ou não existe. Sendo um favor, ela não pode ser exigida, sob pena de indenização de perdas e danos: teríamos, assim, uma doação forçada; e um benefício não se impõe. Faltaria à doação o seu caráter de espontaneidade, nullo jure cogente." (TJSP – Embargos Infringentes 165.298-1 – Rel. Soares Muñoz – 4.2.93)

"Doação – Promessa – Inexigibilidade – A promessa de doação não é suscetível de ser exigida, uma vez que ninguém pode ser compelido a doar, o que retiraria do ato o seu caráter de espontaneidade." (2º TACSP – Apelação Cível c/ Ver. 19.265 – 1ª Câmara – Rel. Juiz Renato Sartorelli – 7.11.94)

"Contrato – Promessa de doação – Impossibilidade da doação ser objeto de contrato preliminar por ter natureza gratuita – Hipótese em que o inadimplemento, fruto de uma eventual recusa, descabe pedir-lhe a execução coativa – Incompatibilidade, ademais, de qualquer medida compulsória tendente a uma execução in natura, por ser a doação um ato espontâneo – Recurso desprovido" (1º TACSP – Ap. 0922695-1, 25.3.2003, 7ª Câmara – Rel. Ariovaldo Santini Teodoro)

"Obrigação de fazer – Promessa de doação – Ausência de obrigatoriedade – Embora a lei civil brasileira seja omissa, tem-se por inadmissível a promessa de doação pura, pois retiraria o espécie ou sua substituição por perdas e danos, já que em ambos os casos haveria conflito direto com a gratuidade inerente à doação.

De forma contrária, PONTES DE MIRANDA[305], apoiado por WASHINGTON DE BARROS MONTEIRO[306,] PAULO NADER[307], dentre outros, admitiam que a promessa de doação poderia ser exigível judicialmente, ou perfazer em perdas e danos no caso de descumprimento por parte daquele que prometeu efetuar a doação. Para eles, a concessão gratuita já nasce no momento da promessa, ou seja, no momento da celebração do contrato preliminar, sendo esta válida e eficaz, desde que expresse a real intenção do promitente, livre de vícios, acerca da liberalidade futura. WASHINGTON DE BARROS MONTEIRO complementa ao defender a validade e eficácia da promessa gratuita, já que "não contraria qualquer princípio de ordem pública e dispositivo algum a proíbe".[308]

Segundo PAULO NADER[309], a doação manifesta-se como conseqüência jurídica do compromisso anteriormente firmado, pouco importando se o ânimo volitivo do doador se modificou à época da celebração do contrato principal. No seu entender, se o contrato preliminar foi celebrado de forma espontânea, deve estar presente o *pactum de contrahendo*, seja qual for a modalidade contratual. Assim, as partes se vinculam jurídica e moralmente no momento da celebração do contrato preliminar, sendo o contrato definitivo mera decorrência do ajuste anterior, não importando se a declaração de vontade não coincida com a razão íntima das partes no momento posterior.

Na Alemanha, a promessa de doação é admitida expressamente pela legislação, imputando ao mesmo, por conseguinte a força de exigibilidade, nos termos do parágrafo 2.301 do Código Civil alemão (BGB). Na Suíça, o art. 243, 1, do Código Civil também admite expressamente a promessa de doação.

---

caráter de espontaneidade que esta espécie de contrato exige – Uma declaração prometendo doar deve ser tida como convite para a liberalidade, sem força cogente para seu signatário." (TAMG – Ap. Cív. 276.620-1 – Rel. Juiz Caetano Levi Lopes – j. 13.4.99 – publ. DJ 2/6/99).

[305] MIRANDA, Pontes de. **Tratado de Direito Privado**. Parte Especial. Tomo XLVI. Rio de Janeiro: Borsoi, 1964, p. 202.

[306] MONTEIRO, Washington de Barros. **Curso de Direito Civil**, v. 5, 2ª parte, 34 ed., São Paulo, Saraiva, 2003, p. 137.

[307] NADER, Paulo. **Curso de Direito Civil**, cit., 284.

[308] MONTEIRO, Washington de Barros. **Curso de Direito Civil**, cit., p. 137.

[309] NADER, Paulo. **Curso de Direito Civil**, cit., 289.

No direito português, destaca-se posicionamento de ÂNGELO ABRU-NHOSA[310], ao considerar que no caso de não cumprimento do contrato--promessa, aquele que deixou de receber o bem prometido terá (i) direito à resolução do contrato e a receber indenização da outra parte; ou (ii) direito a exigir o cumprimento coativo do contrato, por meio da execução específica, compatível com a indenização moratória.

Existe, ainda, a corrente que defende a ineficácia do contrato preliminar de doação. Seus fundamentos repousam essencialmente em dois pontos: (a) na característica particular que envolve o *animus donandi*, ou seja, a deliberação que grassa do espírito do doador, e que deve ser manifestada no momento em que pratica a liberalidade; e (b) na inviabilidade de se imprimir vigor coercitivo em um ajuste que envolve a manifestação futura desse mesmo *animus donandi*.

A partir da entrada em vigor do Código Civil de 2002 e com a tendência de socialização do direito civil, tem se consolidado na doutrina um novo entendimento pautado na causa da promessa de doação e seus reflexos sociais e econômicos, haja vista a necessidade de se respeitar os compromissos assumidos livremente pelas partes.

Nesse sentido, confira-se recente análise de MARIA CELINA BONDIN DE MORAES[311] no direito brasileiro:

> "Pode-se dizer que o sistema hoje, inclusive no Brasil, se encontra fundado no princípio geral da boa-fé, ainda mais porque ela representa expressão da dignidade humana e da solidariedade social no campo das relações privadas. Neste campo, a concreta exigência de solidariedade, chamada solidariedade contratual, foi construída com a finalidade de conter o exercício da autonomia privada. Em busca do equilíbrio contratual, a lei passa a favorecer determinados interesses sociais, valorizando a confiança depositada no vínculo, as expectativas e a boa-fé das partes contratantes. A teoria da confiança quer proteger prioritariamente as expectativas legítimas que nasceram no outro contratante, prioritariamente as expectativas legítimas que nasceram no outro contratante, o qual confiou na postura, nas obrigações assumidas e no vínculo

---

[310] ABRUNHOSA, Ângelo. **O Contrato-promessa, Requisitos, Efeitos, Casos Práticos, Legislação, Jurisprudência Actualizada**, cit., p. 56-57.
[311] MORAES, Maria Celina Bofin de. **Notas sobre a promessa de doação** (in **Termos relevantes do direito civil contemporâneo, reflexões sobre os cinco anos do Código Civil** – estudos em homenagem ao professor Renan Lotufo), cit., p.536.

criado através da declaração. Protege-se, pois, a boa-fé e a confiança que o contratante depositou na declaração."

Nota-se, assim, que a análise sobre a eficácia da promessa de doação, especialmente depois do advento do Código Civil de 2002 e a inegável socialização do direito civil, passou a ser feita de maneira mais complexa e levando-se em consideração à vontade expressada no momento da efetivação da promessa (constituição da obrigação), ou seja, a intenção do donatário no momento de expressar sua vontade e de celebrar o contrato preliminar gratuito.

Naquele momento, há legítima intenção de se obrigar a exercer a doação no futuro, independentemente da avaliação sobre a imposição posterior do exercício da liberalidade do doador. A decisão de doar ou não foi tomada quando da celebração da promessa e não deve ser alterada a menos que haja previsão expressa de possibilidade de arrependimento ou condicionamentos.

Uma situação que pode ser considerada é a promessa, ou obrigação, do doador de efetivar a doação, caso o donatário cumpra determinada condição: por exemplo, o imóvel residencial situado na Cidade de Campinas será seu, caso se case com Fulana dentro de dois anos. Decorrido o prazo e ocorrendo o casamento, o donatário estará em posição confortável de exigir judicialmente a transferência do imóvel para o seu nome.

Dessa forma, pode-se dizer que a corrente mais atual do direito obrigacional vem seguindo a tendência de considerar válida e eficaz a promessa de doação, notadamente ao se considerar a obrigação como relação jurídica complexa.

CONCLUSÃO

Como se pode notar, o contrato preliminar serve para diferentes propósitos nos negócios jurídicos considerados complexos, tendo por base a função de conferir maior segurança jurídica às relações negociais e ao mesmo tempo viabilizar uma maior celeridade ao processo de formação do contrato definitivo.

O contrato preliminar é autônomo e se diferencia de figuras que também são amplamente utilizadas durante o processo de formação do contrato, com destaque para as negociações preliminares, minutas, contrato de opção, além de outros. Ainda que em alguns casos se tenha o uso de instrumentos formais similares, o conteúdo é diverso, pelo que, para que se caracterize o contrato preliminar e para que este tenha eficácia, devem estar presentes seus requisitos de existência e de validade.

O contrato preliminar dispõe de força vinculativa desde a sua celebração, obrigando contratualmente as partes, ainda que seja durante a fase de formação do contrato definitivo. A responsabilização civil por eventual descumprimento do contrato preliminar não é mais aquiliana, mas sim contratual.

Além de vincular as partes, o contrato preliminar possui diferentes graus de obrigatoriedade para as partes e, por consequência, diferentes consequências práticas quanto à imposição forçada no caso de haver negativa em celebrar o contrato definitivo. Com isso, avalia-se o nível de funcionalidade do contrato preliminar com base na recente normatização (artigos 462 a 466 do Código Civil), o que é capaz de conferir a essa figura jurídica um maior nível de eficácia como instrumento garantidor da segurança jurídica para as relações jurídicas consideradas complexas.

CONTRATO PRELIMINAR

Tem-se, pois, que o contrato preliminar deixou de ser um simples instrumento que representava a evolução das negociações preliminares para se tornar um documento vinculativo que, dependendo do grau de obrigatoriedade, tem o condão de conferir às partes responsabilidade contratual já na fase de formação do contrato definitivo e, em alguns casos, impor a execução forçada da obrigação assumida, ou seja, a imposição da celebração do contrato definitivo nos termos acordados.

Com o inegável aumento da velocidade e complexidade dos negócios e também dos meios de comunicação, os documentos preliminares ganharam relevância e força para viabilizar a aceleração do processo de formação do contrato definitivo, com aumento da segurança para as partes durante o processo, além da redução de custos, dos riscos de conflitos, entre outras vantagens.

Assim, uma vez presentes os requisitos necessários para a constituição do contrato definitivo e os deveres de conduta, o contrato preliminar poderá ser considerado vinculativo às partes e conferirá direito de perdas e danos à parte prejudicada, quando tiver força obrigacional fraca e média--fraca, e conferirá direito à execução forçada e/ou a perdas e danos, quando tiver força obrigacional forte e média-forte.

Dessa forma, a despeito da análise normativa do contrato preliminar, constata-se que atualmente essa figura possui eficácia funcional relevante no direito obrigacional, exercendo relevante função econômico-social, haja vista que exerce influência nas relações *inter pars* e também, quando cabível, perante terceiros.

Por fim, conclui-se que até mesmo o contrato preliminar gratuito sofreu mudanças com o advento do Código Civil de 2002, passando-se a considerar válida e eficaz a promessa de doação, notadamente porque a manifestação da vontade, eivada de boa-fé e cooperação, foi declarada no momento da celebração da promessa e, por isso, deve ser cumprida no futuro desde que não haja previsão expressa de arrependimento ou condicionamentos na referida promessa. Ainda que haja imposição de condição, em sendo esta implementada, não terá o promitente doador como esquivar-se validamente da obrigação.

REFERÊNCIAS

ABRUNHOSA, Ângelo. **O Contrato--promessa, Requisitos, Efeitos, Casos Práticos, Legislação, Jurisprudência Actualizada**, 2ed., Porto: VidaEconómica, 2008

ALPA, Guido. *Corso di Diritto Contratualle*. CEDAM (Casa Editrice Dott. Antonio Milani): Padova, 2006.

ALVES, Jones Figueiredo. **Código Civil Comentado.** Coords. Ricardo Fiúza e Regina Beatriz Tavares da Silva. 6ª ed., São Paulo: Saraiva, 2008.

ALVES, José Carlos Moreira. **A Parte Geral do Projeto de Código Civil Brasileiro (subsídios históricos para o Novo Código Civil Brasileiro)**. São Paulo: Saraiva, 2003.

ANTEPROJETO DO CÓDIGO CIVIL – Ministério da Justiça – 2ª edição rev., 1973.

ARIETI, Marina. *Responsabilitá Precontrattuale*. Rivista di Diritto Civile. Padova. A. 37, nº 6. p. 729-744, nov./dez. 1991.

ASSIS, Araken de (Coordenadores: ALVIM, Arruda e ALVIM, Thereza). **Comentários ao Código Civil Brasileiro.** V.5 Rio de Janeiro: Forense, 2007.

_____. **Cumprimento da Sentença**. Rio de Janeiro: Forense, 2006.

AZEVEDO, Antonio Junqueira de. **Negócio Jurídico – Existência, Validade e Eficácia.** São Paulo: Saraiva, 2002.

_____. **Novos Estudos e Pareceres de Direito Privado**. São Paulo: Saraiva, 2009.

_____. **Responsabilidade Pré--Contratual no Código de Defesa do Consumidor: Estudo Comparativo com a Responsabilidade Pré--Contratual no Direito Comum.** Revista de Direito do Consumidor, p. 23-31, abr.-jun./1996.

AZEVEDO JÚNIOR, José Osório de. **Compromisso de Compra e Venda.** 5ª edição. São Paulo: Malheiros, 2006.

BARLETTA, Fabiana Rodrigues. **A Revisão Judicial por Onerosidade Superveniente à Contratação Positivada no Código do Consumidor, sob Perspectiva Civil-Constitucional.** In TEPEDINO, Gustavo. **Problemas de Direito Civil-Constitucional.** Rio de Janeiro: Renovar, 2000.

BASSO, Maristela. **Contratos Internacionais do Comércio: Negociação, Conclusão, Prática.** 2ª ed. Porto Alegre: Livraria do Advogado, 1998.

_____. **As Cartas de Intenção ou Contratos de Negociação.** RT 88/769.

BAPTISTA, Luiz Olavo. **Dos Contratos Internacionais – Uma Visão Prática e Teórica.** São Paulo: Saraiva, 1994.

BDINE JR., Hamide Charaf. **Compromisso de Compra e Venda em Face do Código Civil de 2002: Contrato Preliminar e Adjudicação Compulsória.** RT-843, 95º ano, janeiro de 2006.

BEIGNIER, Bernard. *La Conduite des Négociations.* RTD Com. Toulouse: Editions Dalloz, 1998.

BÉO, Cíntia Regina. **Contratos.** São Paulo: Harbra, 2004.

BESSONE, Darcy. **Do Contrato: Teoria Geral.** São Paulo: Saraiva, 1997.

BIANCA, C. Massimo, *Diritto Civile – Il Contrato.* Milano: Dott. A. Giuffré Editore, 1987.

BIERWAGEN, Mônica Yoshizato. **Princípios e Regras de Interpretação dos Contratos no Novo Código Civil. 3ª.** ed., São Paulo: Saraiva, 2007.

BIRBÈS, Xavier. *La Negociation Du Contrat – L´objet de la Negociation.* Revue Trimestrelle de Droit Commercial et de Droit Économique, Paris, n. 3, p. 471--492, jul./set., 1998.

BITTAR, Carlos Alberto. **Direitos dos Contratos e Atos Unilaterais.** Rio de Janeiro: Forense, 1990.

BOBBIO. Norberto. **O Positivismo Jurídico: Lições de Filosofia do Direito.** São Paulo: Editora Ícone, 1995.

BREBBIA, Roberto H. *Responsabilidad Precontractual.* Buenos Aires : La Rocca, 1987.

BRIZ, Jaime de Santos Briz. *La Contratación Privada.* Madri: Ed. Montecorvo, 1966.

BUENO, Sérgio de Godoy. **Contrato Preliminar,** RDM, v. 19, no. 37, 1980.

BULGARELLI, Waldírio. **Contratos Mercantis, 5ª** ed. São Paulo: Atlas, 1990.

_____. **Obrigação de Contratar por Decisão Judicial. Consultas e Pareceres,** RT 561 – Julho de 1982.

CALAZANS VIEIRA, Daniela; GALVÃO KRAUSE, Gilson, PINTO JR., Helder Q., PERIN SILVEIRA, Joyce. *Project Finance. – in* http://www.anp.gov.br/doc/notas_tecnicas/Nota_Tecnica_ANP_007_1999.pdf

CANDIAN, Aurélio. *Questioni in Tema di Formazione dei Contratti, in Rivista del Diritto Commerciale*, parte prima, vol. XIV, 1916.

CARBONNIER, Jean. *Derecho Civil: Situaciones Extracontractuales y Dinamica de las Obligaciones.* Tomo II, Volumen III, (traducción de la 1ª edición francesa con adiciones de conversión al derecho español por Manuel Ma. Sorrilla Ruiz), Bosch, Casa Editorial, Urgel, 51 bis – Barcelona, 1960.

CARNELUTTI, Francesco. *Formazione Progressiva Del Contratto.* In Rivista del Diritto Commerciale, vol. XIV – parte seconda, 1916.

CASADO, Márcio Melo. **Proteção do Consumidor de Crédito Bancário e Financeiro.** São Paulo: Revista dos Tribunais, 2000.

CASTRO, Frederico. *El Negocio Jurídico,* p. 45 (*apud,* GOMES, Orlando. Contratos. 26ª ed., Rio de Janeiro: Forense, 2008.

CATALAN, Marcos Jorge. **Considerações Sobre o Contrato Preliminar: em Busca da Superação de seus Aspectos Polêmicos.** In DELGADO, Mário Luiz. **Novo Código Civil: Questões Controvertidas no Direito das Obrigações e dos Contratos.** Volume 4. São Paulo: Editora Método, 2005.

CHAVES, Antonio. **Responsabilidade Pré-Contratual.** 2ª Edição. São Paulo: Lejus, 1997.

REFERÊNCIAS

CHIOVENDA, Giuseppe. *Dell'azione Nascente dal Contratto Preliminare*. In Rivista Del Diritto Commerciale. Vol. IX (1911), Parte prima.

CICCO, Cláudio de. **História do Pensamento Jurídico e da Filosofia do Direito**. 3ª edição. São Paulo: Saraiva, 2006.

COELHO. Fabio Ulhoa. **Curso de Direito Civil**. Vol. 3, 2ª ed. São Paulo: Saraiva, 2007.

COHEN, Nili. *Pre-Contractual Duties: Two Freedoms and the Contract to Negotiate*. In Good Faith and Fault in Contract Law [J. Beatson and D. Friedmann Editors], Oxford University Press: 25-56 (1995)).

COMPARATO, Fabio Konder. **Reflexões Sobre as Promessas de Cessão do Controle Acionário**. Revista Forense. No. 266, 1979.

CORRÊA, Luiz Fabiano. **Contratos Preliminares ou Pré-Contratos**. Revista dos Tribunais, ano 86, v. 735, janeiro de 1997.

CORDEIRO, António Menezes. **Direito das Obrigações**. vol. 1, Coimbra: Almedina, 1988.

COSTA, Judith Martins. **Contratos Internacionais – Cartas de Intenção no Processo Formativo da Contratação Internacional – Graus de Eficácia dos Contratos – Responsabilidade Pré-Contratual**. Revista Trimestral de Direito Público, n. 5.

COSTA, Mário Júlio de Almeida. **Direito das Obrigações**. 11ª edição. Coimbra: Almedina, 2008.

_____. **Responsabilidade Civil pela Ruptura das Negociações Preparatórias de um Contrato**. Coimbra: Coimbra, 1984.

COVIELLO, Leonardo. *Dei Contratti Preliminari – Nel Diritto Moderno Italiano*. Milano: Società Editrice Libraria, 1896.

_____. *Contrato Preliminare,* Enciclopedia Giuridica Italiana, vol. III, parte III.

CUNHA GONÇALVES, Luiz da. **Princípios de Direito Civil Luso-Brasileiro – Parte Geral**. vol. 1. São Paulo: Max Limonad, 1951.

DELGADO, Abel. **Do Contrato-Promessa**. 3ª ed., Lisboa: Livraria Petrony, 1985.

DE PAGE, Henri – Dekkers, René. *Traité Élémentaire de Droit Civil Belge*. Bruxelles, Établissement Émile Bruylant, 1972, v. 4.

DINAMARCO, Cândido Rangel. **Instituições de Direito Processual Civil**. Vol. 1, 3ª edição. São Paulo: Malheiros, 2001.

DINIZ, Maria Helena. **Código Civil Comentado**. Coords. Ricardo Fiúza e Regina Beatriz Tavares da Silva. 6ª ed. São Paulo: Saraiva, 2008.

_____. **Curso de Direito Civil Brasileiro**. Vol. 3. São Paulo: Ed. Saraiva, 2002.

_____. **Tratado Teórico e Prático dos Contratos**. 1º vol. 4ª ed., São Paulo: Saraiva, 2002.

ENNECCERUS, Ludwig; KIPP, Theodor e WOLFF, Martin. *Tratado de Derecho Civil, Derecho de Obligaciones*. Trad. Braz Perez Gonzáles e José Alguer. Buenos Aires: Bosch Publicationes Jurídicas, 1948, v. 2, tomo 2.

FERNANDES, Wanderley; OLIVEIRA, Jonathan Mendes. **Contrato Preliminar: Segurança de Contratar**. In Contratos Empresariais – Fundamentos e Princípios dos Contratos Empresariais. São Paulo: Saraiva, 2007.

FUX, Luiz. **O Novo Processo de Execução (o Cumprimento da Sentença e a Execução Extrajudicial)**. Rio de Janeiro: Forense, 2008.

FRANKE, Walmor. **Notas Sobre Pré-Contrato**. Revista Jurídica, Porto Alegre, v.9, n.49, p.49-66, jan./fev., 1961.

FRITZ, Karina Nunes. **Boa-Fé Objetiva na Fase Pré-Contratual – A Responsabilidade Pré-Contratual por Ruptura das Negociações. 1ª edição (1ª reimpressão). Curitiba: Juruá, 2009.

GABRIELLI, Giovanni. *Contrato Preliminare. Rivista di Diritto Civile*, Padova, a. 39, n.2, p. 225-249, mar./abr. 1993.

GAGLIANO, Pablo Stolze; PAMPLONA FILHO, Rodolfo. **Novo Curso de Direito Civil.** 3ª edição, vol. IV – contratos, tomo I – teoria geral. São Paulo: Saraiva, 2007.

GARCIA, Enéas Costa. **Responsabilidade Pré e Pós-Contratual à Luz da Boa-Fé.** São Paulo: Juarez, 2003.

GALGANO, Francesco. *Commentario Breve al Códice Civile. Piacenza: Casa Editrice La Tribuna*, 2006.

GAMARRA, Jorge. *Tratado de Derecho Civil Uruguayo*. Tomo IX, Cuarta Edición. Montevideo: Fundación de Cultura Universitária, 1995.

GAUTIER, Pierre-Yves. *La Negociation du Contrat – Les Aspects Internationaux de la Negociation.* Revue Trimestrelle de Droit Commercial et de Droit Économique, Paris, n. 3, p. 493-499, jul./set., 1998.

GHESTIN, Jacques; DESCHÉ Bernard. *Traité des Contrats. La Vente Formation du Contrat*, 1990.

GILISSEN, John. **Introdução Histórica ao Direito,** 4ª edição. Lisboa: Fundação Calouste Gulbenkian, 2003.

GIORGIANNI, Michele. *La Obligación (La Parte General de Lãs Obligaciones)* – traducción de la edición italiana, con um prólogo del autor a la edición española, de Evelio Verdera y Tuells., Bosch, Casa Editorial, Urgel, 51 bis – Barcelona, 1955.

GOMES, Luiz Roldão de Freitas. **Contrato.** 2ª ed., Rio de Janeiro: Renovar, 2002

GOMES, Orlando. **Contratos.** 26ª ed., Rio de Janeiro: Forense, 2008.

GREGO, Viviane Alessandra. **O Contrato de Compromisso de Compra e Ven-** da: **Aspectos Controvertidos à Luz do Novo Código Civil Brasileiro.** Revista de Estudos Jurídicos UNESP, Franca: UNESP, n. 12, p. 113-127, 2003.

GRISI, Giuseppe. *L'Obbligo Precontrattuale di Informazione.* Napoli: Jovene, 1990.

GUERRA JUNIOR, Celso Souza. **Negócios Jurídicos: Á Luz de Um Novo Sistema de Direito Privado.** Curitiba: Juruá, 2005.

HARRIS, Donald; TALLON, Denis. *Contract Law Today – Anglo-French Comparisons.* Clarendon Press: Oxford, 1989.

HIRONAKA, Giselda Maria Fernandes Novaes; TARTUCE, Flávio (coord.). AZEVEDO, Fabio De Oliveira. **Algumas Questões de Direito Civil e Direito Processual Civil Sobre o Contrato Preliminar. In Direito Contratual, Temas Atuais.** São Paulo: Método, 2008.

HUSE, Joseph A., *Understanding and Negotiating Turnkey Contracts.* London: Sweet & Maxwell, 1997.

JOSUÁ, Adriana. **Contrato Preliminar: Aspectos Jurídicos, Funcionalidade, Análise Econômica e Teoria dos Jogos.** Revista de Direito Mercantil – Industrial, Econômico e Financeiro, São Paulo/SP/Brasil, ano 42, v.131, p.230-237, jul-set/2003.

LACERDA, Paulo. ESPINOLA, Eduardo. **Manual do Código Civil Brasileiro – Dos Fatos Jurídicos.** Vol. III, parte I, Rio de Janeiro, Jacinto Ribeiro dos Santos, 1923.

LANDER, Gabriel Boavista. **Interconexão,** *Unbundling* **e Compartilhamento de Meios de Redes de Telecomunicação.** In Revista de Informação Legislativa – RIL, v. 154.

LARENZ, Karl. *Derecho de Obligationes,* Tomo I, Versión Española y notas de Jaime Santos Briz. Madrid: Editorial Revista de Derecho Privado, 1958.

_____. *Derecho Civil – Parte General*. Caracas: EDERSA, 1978. Tradução da 3ª edição alemã da obra Allgemainer Teil der Deutschen Bürgerlichen Rechts, C.H. Beck'sche Munich.

LEITÃO, Luís Manuel Teles de Menezes. **Direito das Obrigações**. Vol. 1, 7ª edição. Coimbra: Almedina, 2008.

LOTUFO, Renan. **Código Civil Comentado**. Volume 1, Parte Geral. São Paulo: Saraiva, 2003.

LOUREIRO, Luiz Guilherme. **Teoria Geral dos Contratos no Novo Código Civil**. Método, 2002.

MALAURIE, Philippe; AYNÈS, Laurent. *Cours de Droit Civil*, tome VIII, Les Contrats Spéciaux Civils et Commerciaux, 8a. Edition. Paris: Éditions Cujas, 1994.

MARINO, Francisco Paulo De Crescenzo. **Contratos Coligados no Direito Brasileiro**. São Paulo: Saraiva, 2009.

MARTINS-COSTA, Judith Hofmeister. **A Incidência do Princípio da Boa-Fé no Período Pré-Negocial: Reflexes em Torno de Uma Notícia Jornalística. Tese de Doutoramento**. São Paulo: USP, set. 1996.

_____. **Comentários ao Novo Código Civil: do Direito das Obrigações, do Adimplemento e da Extinção das Obrigações**. Rio de Janeiro: Forense, 203, v.5, t.1, p. 26.

_____. **Contratos Internacionais – Cartas de Intenção no Processo Formativo da Contratação Internacional – Graus de Eficácia dos Contratos – Responsabilidade Pré-Contratual.** Revista Trimestral de Direito Público, n. 5, pág. 212.

MARQUES, Cláudia Lima. **Contratos no Código de Defesa do Consumidor**. 2ª ed. São Paulo: Revista dos Tribunais.

MARQUES, Maria Beatriz Loureiro de Andrade. **Novas Figuras Contratuais.** São Paulo, 2005, Tese (Doutorado), Data da Defesa 15.08.2005.

MARTINEZ, Pedro Romano. **O Subcontrato**. Coimbra: Almedina, 1989.

MATO, Juan Carlos Menéndez. *La Oferta Contractual*. Pamplona: Aranzadi, 1998.

MEDEIROS, Mariana Mendes. **Contratos Preliminares**, p. 13. In **Direito do Comércio Internacional: Pragmática, Diversidade e Inovação**. Organizado por BASSO, Maristela; ZAITZ, Daniela e PRADO, Maurício Almeida. São Paulo: Juruá, 2005.

MELO, Diogo L. Machado de. **Cláusulas Contratuais Gerais**. São Paulo: Saraiva, 2008.

MELLO, Marcos Bernardes de. **Teoria do Fato Jurídico: Plano da Validade.** 7ª ed., São Paulo: Saraiva, 2006.

MENDONÇA, J.X. Carvalho. **Tratado de Direito Comercial Brasileiro**. 5ª edição, vol. VI. São Paulo: Freitas Bastos, 1955.

MESSINEO, Francesco. *Dottrina Generale del Contratto*. Terza edizione ampliata. Milano: Giuffrè, 1948.

_____. *Il Contratto in Genere*, Dott. A. Giuffrè Ed., Milão, 1972.

MICHELI, Gian Antonio. *Dell'Essecuzione Forzata in Tutela dei Diritti in Commentaria del Codice Civile.* Roma: org. Scialoja e Branca, 1953.

MIRANDA, Pontes de. Tratado de Direito Privado. Tomos III e XLVI. Rio de Janeiro: Borsoi, 1954 e 1964.

_____. **Comentários ao Código de Processo Civil.** Rio de Janeiro: Forense, tomo X, 1976.

MONTEIRO, Cláudia Servilha; MEZZAROBA, Orides. **Manual de Metodologia da Pesquisa no Direito**. 5ºed. São Paulo: Saraiva, 2009.

MONTEIRO, Washington de Barros. **Curso de Direito Civil**, v. 5, 2ª parte, 34 ed., São Paulo: Saraiva, 2003

MONTORO, Thereza Franco. **O Contrato Preliminar, o Novo Código Civil e a** Análise Econômica do Direito, Revista de Direito Mercantil – RDM 132, 2003.

MORAES, Maria Celina Bofin de. **Notas sobre a promessa de doação** (in **Termas relevantes do direito civil contemporâneo, reflexões sobre os cinco anos do Código Civil** – estudos em homenagem ao professor Renan Lotufo), São Paulo: Atlas, 2008.

MORAIS, Fernando de Gravato. **Contrato-Promessa em Geral – Contrato-Promessa em Especial.** Coimbra : Almedina, 2009.

MOUSSERON, Jean Marc. *Technique Contractuaeelle.* Oaris: editions Juridiques Lefebvre, 1998.

_____. *Conduite des Nécociations Contractuelles et Responsabilité Civile Dpelictuelle.* Revue Trimestrelle de Droit Économique, Paris, n.2, p. 243-271, jul. set.1998.

_____. *La Negociation du Contrat – Rapport de Synthèse.* Revue Trimestrelle de Droit Économique, Paris, n.3, p. 559--566, jul.set.1998.

MUNHOZ, Eduardo Secchi. **Contrato Preliminar (Promessa de Contratar) no Direito Brasileiro – Estrutura, Função, Validade e Eficácia.** In www.socejur.com.br/artigos/contrato_preliminar.doc.

NADER, Paulo. **Curso de Direito Civil.** Vol. 3 – Contratos. Rio de Janeiro: Forense, 2005.

NANNI, Giovanni Ettore. **O Dever de Cooperação nas Relações Obrigacionais à Luz do Princípio Constitucional da Solidariedade,** p. 308. In *Temas Relevantes do Direito Civil Contemporâneo.* Coordenação Giovanni Ettore Nanni. São Paulo: Atlas, 2008.

NEGREIROS, Teresa. **Teoria do Contrato: Novos Paradigmas.** Rio de Janeiro: Renovar, 2006.

NERY JÚNIOR, Nelson. **Questões de Direito Civil e o Novo Código Civil.** In REIS, Selma Negrão Pereira dos (Coord.). "**A Base do Negócio Jurídico e a Revisão do Contrato**". Imprensa Oficial do Estado de São Paulo, 2004.

_____; NERY, Rosa Maria de Andrade. **Código Civil Comentado.** São Paulo: Revista dos Tribunais, 2006.

NERY, Rosa Maria Barreto Borriello de Andrade. **Vínculo Obrigacional: Relação Jurídica de Razão (Técnica e Ciência de Proporção)** – Tese de livre-docência: Pontifícia Universidade Católica de São Paulo, São Paulo, 2004.

NETTO LÔBO. Paulo Luiz. **Deveres Gerais de Conduta nas Obrigações Civis,** p. 93. In DELGADO, Mário Luiz; ALVES, Jones Figueiredo (Coords.). **Novo Código Civil – Questões Controvertidas no Direito das Obrigações e dos Contratos.** São Paulo: Método, 2005.

NUNES PINTO, José Emilio. **O Contrato de EPC para Construção de Grandes Obras de Engenharia e o Novo Código Civil.** Revista Jus Vigilantibus, publicado em 30 de dezembro de 2002.

OLIVEIRA LEITE, Eduardo de. **Monografia Jurídica.** 8ª edição. São Paulo: Editora Revista dos Tribunais, 2008.

PAIVA, Alfredo de Almeida. **Aspectos do Contrato de Empreitada.** Rio de Janeiro: Revista Forense, 1955.

PAULIN, Christophe. *La Negociation du Contrat – Promesse et Préférence.* Revue Trimestrelle de Droit Économique, Paris, n.3, p. 511-520, jul./set.1998.

PEREIRA, Caio Mario da Silva. **Instituições de Direito Civil – Contratos,** v.III, 12ª ed., Rio de Janeiro: Forense, 2006.

REFERÊNCIAS

PEREIRA, Regis Fitchtner. **A Responsabilidade Civil Pré-Contratual. Teoria Geral da Responsabilidade pela Ruptura das Negociações Contratuais.** Rio de Janeiro: Renovar, 2001.

PERLIGIERI, Pietro. *Il Diritto Civile Nella Legalità Constituzionale.* 2ª ed. Napoli: Edizioni Scientifiche Italieane, 1991

PICOD, Yves. *Le Devoir de Loyauté Dans L'Exécution du Contrat.* Paris : LGDJ, 1989.

PITELLI DA GUA, Juliana. **O Contrato Preliminar e a Análise Econômica do Direito.** Revista de Direito Mercantil, Ano XLV, nº 143, julho-setembro de 2006

POPP, Carlyle. **Responsabilidade Civil Pré-Negocial: o Rompimento das Tratativas.** Curitiba: Juruá, 2008.

PRATA, Ana. **O Contrato-Promessa e Seu Regime Civil.** Coimbra: Almedina, 2006.

_____. **Notas Sobre Responsabilidade Pré-Contractual.** Lisboa: Almedina, 1991.

RIBEIRO DE FARIA, Jorge Leite Areias. **Direito das Obrigações,** vol. II. Coimbra: Almedina, 2001.

RIZZARDO, Arnaldo. **Promessa de Compra e Venda e Parcelamento do Solo Urbano.** 4. ed. São Paulo: RT, 1996.

_____. **Direito das Obrigações.** 5ª edição. Rio de Janeiro: Forense, 2009.

_____. **Contratos.** 5ª edição. Rio de Janeiro: Forense, 2005.

RODRIGUES, Sílvio. **Direito Civil. Parte Geral das Obrigações** v.2, 23ª ed., São Paulo: Saraiva, 1995.

_____. **Direito Civil.** *v. III*, 30. ed. São Paulo: Saraiva, 2002.

ROPPO, Enzo. **O Contrato** (tradução de Ana Coimbra e M. Januário C. Gomes). Coimbra: Almedina, 1988.

ROSENVALD, Nelson. **Código Civil Comentado.** Coord. Min. Cezar Peluso. São Paulo: Manole, 2007.

SENISE LISBOA, Roberto. **Manual de Direito Civil – Contratos.** vol. 3, 4ª edição. São Paulo: Saraiva, 2009.

SENS DOS SANTOS, Eduardo. **Função Social do Contrato.** OAB/SC Editora: Florianópolis, 2004.

SERPA LOPES, Miguel Maria de. **Curso de Direito Civil.** Vol. III, parte primeira – dos contratos em geral. Rio de Janeiro: Freitas Bastos, 1954.

STRENGER, Irineu. **Direito Internacional Privado.** 4ª edição. São Paulo: LTr, 2000.

STOCO, Rui. **Abuso de Direito e Má-Fé Processual.** São Paulo: RT, 2002.

SCHWARTZ, Alan; SCOTT, Robert E. *Precontractual Liability and Preliminary Agreements* – The Harvard Law Review Association, v. 120, January/2007, No. 3.

TEIXEIRA, Tarcisio. **Contrato Preliminar Empresarial.** Revista da Faculdade de Direito – USP, v. 101, São Paulo, 2006.

TELLES, Inocêncio Galvão. **Direito das Obrigações.** 3ª ed. (reimp.), Lisboa: Lex, 1995.

TEPEDINO, Gustavo *et al.* **Código Civil Interpretado Conforme a Constituição da República**, vol. 1, Rio de Janeiro: Renovar, 2004.

THEODORO JÚNIOR, Humberto. **O Contrato e sua Função Social.** Rio de Janeiro: Forense, 2003.

THEODORO NETO, Humberto. **Efeitos Externos do Contrato – Direitos e Obrigações na Relação entre Contratantes e Terceiros.** Rio de Janeiro: Forense, 2007.

TOMASETTI JUNIOR, Alcides. **Execução do Contrato Preliminar.** (Tese de Doutoramento), Faculdade de Direito da Universidade de São Paulo, 1982.

VARELA, João de Matos Antunes. **Das Obrigações em Geral.** vol. 1, 10ª ed., Coimbra: Almedina, 2008.

VENOSA, Sílvio de Salvo. **Direito Civil – Teoria Geral das Obrigações e Teoria Geral dos Contratos.** 3ª e 5ª edições, vol. 2, São Paulo: Atlas, 2003 e 2005.

VICENTE, Dário Manuel Lentz de Moura. **A Responsabilidade Pré-Contratual no Código Civil Brasileiro de 2002.** Brasília, Revista do CEJ, nº 25, abr./jun. 2004.

VICENTE, Dário Moura. **Da Responsabilidade Pré-Contratual em Direito Internacional Privado.** Coimbra: Almedina, 2001.

VIDIGAL, Luis Eulálio de Bueno. **Da Execução Direta das Obrigações de Prestar Declaração de Vontade.** In Direito Processual Civil. São Paulo: Saraiva, 1965.

VIRGO, Grahan. *The Principals of the Law of Restitution.* Oxford University Press: Oxford, UK, 1999.

VON TUHR, Andreas. *Tratado de las Obligationes.* Trad. W. Roces. Madrid: Editorial Réus, Tomo 1, 1934.

WAMBIER, Luiz Rodrigues. **Sentença Civil: Liquidação e Cumprimento.** 3ª ed., São Paulo: Revista dos Tribunais, 2006.

WILLIAMS, Jorge W. *Los Contratos Preparatórios,* Depalma, 1978.